챗GPT, AIVA, 구글을 활용한 미래 음악 교실

인공지능 융합수업

저자: 오한나

챗GPT, AIVA, 구글을 활용한 미래 음악 교실
인공지능 융합수업 가이드(작곡 음악 국악)

| 3 쇄 인 쇄 | 2025년 1월 1일
| 3 쇄 발 행 | 2025년 1월 7일
| 저   자 | 오한나
| 총 괄 기 획 | 변문경
| 책 임 편 집 | 문보람, 김현
| 디   자   인 | 김민철, 오지윤
| 인   쇄 | 영신사
| 종   이 | 세종페이퍼
| 홍   보 | 박정연
| IP 제작투자 | ㈜메타유니버스 www.metauniverse.net
| 펴   낸   곳 | ㈜메타유니버스
| 유   통 | 다빈치 Books
| 출 판 등 록 일 | 2021년 12월 4일
| 주   소 | 서울특별시 마포구 월드컵북로 375
| 팩   스 | 0504-393-5042
| 전   화 | 070-4458-2890
| 출판 콘텐츠 및 강연 관련 문의 | 오한나 muse@hmj.or.kr

챗GPT, AIVA, 구글을 활용한 미래 음악 교실 인공지능 융합수업 (작곡 음악 국악)

저자 오한나

목차

Ⅰ. AI로 똑똑한 음악 수업

III. 구글로 신나는 음악 수업

여는 말: 미래형 음악 수업이 필요한 이유

코로나로 인해 세상이 급격히 변했습니다. 교육 현장도 마찬가지입니다. 2022 개정 교육과정은 언어, 수리를 비롯하여 디지털 기초 소양 교육을 강조하며 이제 디지털 교과서의 시대가 되었습니다. 음악을 비롯한 전 교과에서 인공지능(AI)을 가르치고, 디지털 소양을 평가하게 됩니다. 이를 위해 전국적으로 교육청에서 학생들에게 1인 1기기를 보급하고, 디지털 교과서 시대에 적합한 에듀테크 도구를 찾기 위해 많은 교사들이 실증을 진행하고 있습니다.[*]

음악 수업도 진화를 시작했습니다. 이제는 노래하고 악기를 연주하며 음악의 본질만 추구하는 수업을 넘어서, 에듀테크로 다양하게 음악을 창작하는 시대입니다. 저는 이러한 변화가 반갑습니다. 에듀테크 덕분에 악보를 못 보는 학생도 작곡을 하고, 국악이 어렵던 학생이 민요를 뚝딱 창작할 수 있게 되었으니까요. 세상에는 피아노 학원에 가본 적이 없고, 오케스트라 공연을 실제로 본 적이 없는 학생도 많습니다. 음악적 경험이 적은 이 학생들은 기존의 음악 교과서가 어렵게 느껴지고, 그저 '감상'만 하며 음악 시간을 때우려고도 합니다. 음악을 잘 몰라서, 어려워서 수업 바깥에서만 맴돌던 이 학생들이 에듀테크를 활용한 수업에는 그 누구보다도 적극적으로 참여합니다.

저는 교실을 역동적으로 변화시키는 음악 수업의 위력을 경험하면서 AI, 에듀테크, 구글에 빠져들게 되었습니다. 최첨단 도구로 수업한다고 해서 갑자기 수업 내용이 바뀌지는 않습니다. 종이로 제작하던 음악 신문 수업, 오선보에 그리던 작곡 수업 등 기존에 해왔던 수업을 디지털 기기로 할 뿐입니다. 에듀테크 도구를 완벽히 섭렵해야 한다는 부담도 느끼지 않으셨으면 합니다. 학생들은 에듀테크 도구 이름과 기본적인 사용법만 알려주면 스스로 방법을 찾아서 깨우칠 때도 많습니다. 때로는 교

---

[*] 새 교육과정 기초 소양 '디지털'…초등교사 과반 "평가 어떻게?" <뉴시스>. 2023.09.11., newsis.com/view/NISX20230911_0002445355(접속일자: 2024.12.10.).

사보다 학생들이 더 잘하니 걱정 마시길 바랍니다. 교사는 에듀테크로 진입하는 문을 열어주는 안내자 역할만 해도 충분합니다.

이 책은 2020~2022년에 입학한 효명중학교 제자들과 고군분투한 수업의 결과물입니다. 제자들은 세상에 없던 미래형 음악 수업을 경험하면서 온갖 시행착오를 겪고, 땀을 뻘뻘 흘리며 저와 함께 고생했습니다. 좌충우돌하며 난관을 겪는 저에게 도움을 주고, 참신한 아이디어를 주면서 수업을 함께 완성한 제자들에게 무척 감사합니다. 제자들의 희생이 담긴 이 책의 도움으로, 전국의 수많은 선생님과 학생들은 부디 편안하게 미래형 음악 수업을 시작하시기를 바랍니다. 그리하여 음악적 소양이 부족해도, 자신의 감정을 음악으로 마음껏 표출하는 학생들이 많아지기를 소망합니다.

이 책의 특징은 크게 5가지입니다.

첫째, 서양음악뿐만 아니라 기존에 많이 소개되지 않은 국악, 융합수업까지 다룹니다. 어려운 국악 수업, 번거로운 융합수업이 에듀테크를 만나 쉽고 재미있어지는 노하우를 소개합니다. 2022 개정 교육과정에서 부각되는 음악 창작 영역, 디지털 매체를 활용한 수업을 국악 및 융합수업에서 어떻게 적용할지 인사이트를 드립니다.

둘째, AI와 에듀테크, 구글 도구를 활용해서 학생 참여형 수업을 하는 방법을 알려드립니다. 더 나아가 하이터치(High-touch)로 교사와 학생은 더욱 긴밀하게 소통하고, 하이테크(High-tech)로 기술을 활용한 맞춤형 교육이 실현되는 HTHT 음악 교육의 모델을 제안합니다.

셋째, 음악 수업에서 사용하기 좋은 도구들을 단계별로 실습하고, 수업에서 발생하는 돌발 상황에 대처하는 방법까지 소개합니다. 기존의 수업 사례 책, 연구대회 보고서 등에 훌륭한 수업 지도안이 많이 발표되어 있습니다. 그러나 지면의 한계 때문인지 도구의 구체적인 사용 방법과 수업 도중에 일어나는 변수를 언급하는 경우는 드물었습니다. 이러한 점을 보완하도록 다양한 경험담을 방출하여 그간 궁금하셨던 부분을 해소해드리겠습니다.

넷째, 모바일 버전 및 학생 입장에서의 사용법도 소개합니다. 대부분의 AI, 에듀테크, 구글 도구는 웹 버전(컴퓨터, 크롬북)과 모바일 버전(스마트폰, 태블릿) 화면이 다릅니다. 교사 입장에서 과제를 생성할 때와 학생 입장에서 과제를 제출할 때의 방법도 다릅니다. 기존의 에듀테크 도서가 웹 버전, 교사 입장에서의 설명 중심이어서 어려움을 겪으셨다면 이 책이 새로운 시각에서 길잡이 역할을 하겠습니다.

다섯째, 학생들이 보면서 바로 따라 할 수 있는 사용 설명서와 저자의 노하우가 담긴 수업 자료를 QR코드로 제공합니다. AI 음성이 단계별 설명을 읽어주고, 학생 스스로 예습과 복습을 할 수 있는 자료입니다. QR 주소를 학생들에게 바로 전달함으로써 수업에서 에듀테크 격차를 최소화하고, 수업을 효율적으로 진행할 수 있습니다.

저자 **오한나**

① 이 책에 나온 모든 도구는 크롬 ◯ 브라우저(Chrome Browser)를 활용하여 접속해야 원활하게 실행됩니다. 컴퓨터와 모바일 기기(스마트폰, 태블릿) 모두 마찬가지입니다.

② 에듀테크는 교육(Education)+기술(Technology)의 합성어로, AI와 구글 도구도 에듀테크의 범주에 속하지만 이 책에서는 각각 따로 언급합니다.

③ 대부분의 AI, 에듀테크, 구글 도구는 인터페이스가 계속 바뀝니다. 여러분이 책을 읽으시는 시점과 실제 사이트의 모습이 다를 수 있습니다.

④ 대부분의 AI, 에듀테크, 구글 도구는 웹 버전과 모바일 버전으로 화면이 다르게 열립니다(281쪽에서 자세히 설명). 컴퓨터 및 크롬북 화면은 '웹 버전', 스마트폰 및 태블릿 화면은 '모바일 버전'이라고 통일해서 작성했습니다. 이 책의 캡처 화면은 웹 버전이며, 모바일 버전은 안드로이드를 기준으로 제작하여 QR 형식으로 입력했습니다.

⑤ 'III. 구글로 신나는 음악 수업' 내용은 개인 구글 계정(id@gmail.com)에서도 활용이 가능하며, 구글 워크스페이스 계정을 쓰는 학교에서 더 유용한 방법을 담았습니다.

Ⅰ

AI로 똑똑한 음악 수업

인공지능 융합수업 가이드
(작곡 음악 국악)

AI, 즉 인공지능은 사람의 지능을 모방할 수 있게 만든 시스템입니다. 이제는 AI가 많은 일들을 처리하면서 업무가 자동화되고, 점점 AI가 일상화되면서 세상이 격변하고 있습니다. 기술이 진보해도 오래도록 사람만의 영역으로만 남을 줄 알았던 예술 분야에서도 AI가 진화 중입니다. 원하는 그림 스타일을 문장으로 입력하면 AI가 그림을 그리고[1], AI 음성을 입혀서[2] 영상까지[3] 만드는 사이트들이 이미 상당한 수준으로 개발되었습니다. AI 활용에 선도적인 사람들은 AI 예술 창작 사례를 연일 유튜브에 공개하여 세상을 놀라게 합니다.

음악 AI도 발전 수준이 상당합니다. 음악 영역을 AI가 잠식한다고 두려워할 일이 아니라, 학생들이 음악 AI를 잘 다루도록 도와줄 방법을 찾을 때입니다. AI를 잘 활용하면 음악 수업이 더 쉽고 재미있어지고, 학생들의 참여도가 높아집니다. 다양한 AI 사이트를 음악 수업에 적용할 수 있는 아이디어와 경험담을 알려드리겠습니다.

CHAPTER

01 챗GPT: 음악 수업 AI 비서

챗GPT(ChatGPT)는 미국의 AI 연구 회사인 Open AI가 내놓은 대화형 AI 모델입니다. 2021년까지 온라인에 존재한 문장형 자료를 학습하고, 이를 재조합하여 질문자에게 답을 제공하는 생성형 AI(Generative AI)입니다. 미국 대학 로스쿨 입학시험, 의사 면허 시험도 합격할 수준으로 답을 써 내며 세상을 떠들썩하게 만들었고 출시 두 달 만에 월 사용자가 1억 명을 돌파했습니다.[4]

음악에 관한 질문을 해도 순식간에 답변을 내놓습니다. 예를 들어, c단조 재즈곡을 만들 때 필요한 코드를 추천해달라고 질문하니 다음과 같이 답했습니다. 챗GPT가 화성학을 정확히 알기보다는 재즈에서 자주 사용되는 코드 정보를 인터넷에서 수

---

1) 예: 빙 이미지 크리에이터(Bing Image Creator, bing.com/create),
　　미드저니(Midjourney, midjourney.com), 스테이블 디퓨전(Stable diffusion, stablediffusionweb.com)
2) 예: 브루(Vrew, vrew.voyagerx.com), 네이버 클로바더빙(clovadubbing.naver.com)
3) 예: 런웨이(runwayml.com), 스튜디오 디-아이디(Studio D-ID, studio.d-id.com), 픽토리(pictory.io)
4) 변문경 외, <챗GPT 인공지능 융합 교육법>(다빈치books, 2023), 14쪽.

집하고 재조합해서 알려주는 것입니다.

1. C minor 7th chord (Cm7)
2. F minor 7th chord (Fm7)
3. G dominant 7th chord (G7)
4. A flat major 7th chord (AbM7)

These chords are commonly used in jazz and can create a smooth and harmonious sound. You can also experiment with adding extensions or alterations to these chords, such as a 9th, 11th, or 13th, to add more complexity and interest to your song.

번역결과

C 마이너 재즈 곡을 만들 때 다음 코드 사용을 고려할 수 있습니다.

1. C 마이너 7th 코드(Cm7)
2. F 마이너 7th 코드(Fm7)
3. G 도미넌트 7th 코드(G7)
4. 플랫 메이저 7th 코드(AbM7)

이 코드는 일반적으로 재즈 및 부드럽고 조화로운 사운드를 만들 수 있습니다. 또한 9도, 11도 또는 13도와 같이 이러한 코드에 확장 또는 변경을 추가하여 노래에 복잡성과 흥미를 더할 수 있습니다.

[그림 1-1-1] c단조 재즈곡 작곡에서 필요한 코드를 추천한 답변

'달빛 아래 빛나는 밤'을 주제로 랩 가사를 써달라고 요청했습니다. 가사의 라임 (Rhyme)을 잘 살려서 운율감을 넣고, 후크(Hook)도 포함시켜달라고 부탁했습니다. 후크는 랩을 듣다가 귀에 확 꽂히는, 매우 인상적인 문구나 멜로디를 뜻합니다. 가사는 한글로 번역하니 라임이 잘 보이지 않아서, 영어 상태로 보여드립니다.

Sure, here's a sample rap verse and hook that fits the theme of a night shining under the moonlight:

Verse 1:
Walking through the streets, everything's glowing
Underneath the moon, the night's never slowing
Streetlights flicker like fireflies in the night
All the stars in the sky, they're shining so bright

Gonna dance under the moonlight, like there's no tomorrow
Gonna feel the magic in the air, forget all the sorrow
The night is alive, it's electric, it's wild
I feel like a kid again, just like a child

Hook:
Under the moonlight, everything's alright
With the stars above, I feel so alive
I'm in my zone, I'm feeling so free
Under the moonlight, it's just you and me

[그림 1-1-2] 라임, 후크를 포함해서 랩 가사를 쓴 답변

순식간에 재즈 코드를 알려주고, 가사를 써 내려가는 챗GPT의 능력이 대단합니다. 이를 음악 수업, 특히 창작 영역에서 잘 활용한다면 음악적 역량이 부족한 학생들도 쉽게 음악 창작을 할 수 있겠다는 기대가 생깁니다.

가. 챗GPT 가입 및 검색 방법

① 챗GPT[5]에 구글 계정으로 가입하고, 핸드폰 번호 인증을 합니다. 로그인이 완료되면 다음과 같이 메인 화면이 보입니다.

---

5) chat.openai.com/chat

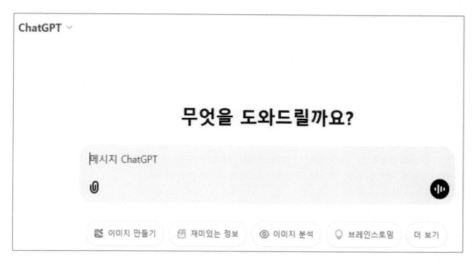

[그림 1-1-3] 로그인해서 접속한 챗GPT 메인 화면

② 화면 아래 검색창에 문장으로 질문하고 화살표 아이콘을 클릭하면 전송이 됩니다. 여러분이 하시는 질문을 프롬프트(Prompt)라고 합니다. 챗GPT는 한국어보다 영어로 질문했을 때 답변이 정확할 수도 있습니다. 검색창 왼쪽의 클립 아이콘을 클릭하면 이미지를 첨부해서 검색도 가능합니다.

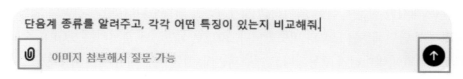

[그림 1-1-4] 프롬프트 지니 확장 프로그램이 적용된 프롬프트 입력 창

③ 챗GPT-3.5(3.5세대)가 무엇인지 질문했더니 자기 자신을 이렇게 알려줍니다.

ChatGPT 3.5는 인공지능 연구소인 OpenAI에서 개발한 고급 자연어 처리(NLP) 모델입니다. 2020년에 출시된 ChatGPT 3 모델의 개선된 버전입니다.

ChatGPT 3.5 모델은 자연어 텍스트를 생성할 수 있는 신경망 아키텍처를 기반으로 합니다. 1,750억 개의 매개변수가 있으므로 자연어를 학습하고 처리할 수 있는 용량이 매우 큽니다. 자연어 입력을 이해하고 유창하고 상황에 맞는 응답을 생성할 수 있습니다.

ChatGPT 3.5와 ChatGPT 3의 주요 차이점은 훈련 데이터에 있습니다. ChatGPT 3.5는 편향되거나 독성이 있는 콘텐츠를 제거하기 위해 필터링된 보다 깨끗하고 다양한 데이터 세트에서 학습되었습니다. 이 모델은 다양한 문화와 배경에 대해 보다 포괄적이고 민감하게 설계되어 사회적으로 수용 가능한 응답을 생성하는 데 더 적합합니다.

ChatGPT 3.5 모델은 챗봇, 가상 비서 및 언어 번역 시스템과 같은 다양한 애플리케이션에서 사용되었습니다. 또한 콘텐츠 제작 및 마케팅 목적으로 고품질 텍스트를 생성하는 데 사용되었습니다.

요약하면 ChatGPT 3.5는 자연어 텍스트를 생성할 수 있는 신경망 아키텍처 기반의 고급 NLP 모델입니다. 1,750억 개의 매개변수가 있으며 ChatGPT 3보다 더 깨끗하고 다양한 데이터 세트에서 훈련되어 자연어 응답을 생성하는 데 더 포괄적이고 사회적으로 수용 가능합니다.

[그림 1-1-5] 챗GPT-3.5에 대해 소개한 답변

매개변수(Paramete)는 프로그램 작업에 필요한 수치 정보를 뜻하는데 챗GPT-3.5에는 무려 1,750억 개가 쓰인다고 합니다. 2021년까지 수집한 데이터를 바탕으로 여러분이 제시한 질문에 관한 데이터를 재가공하고 답해줍니다. 마치 사람이 열심히 공부해서 답변해주는 모습과 비슷합니다. 2023년 상반기에 출시되는 챗GPT-4에는 100조 개의 파라미터가 구동된다고 예측되는데, 이쯤 되면 사람과 챗GPT의 답변을 구별하기 어려울 지경이라고 하니 두렵기도 합니다.[6]

④ 질문은 최대한 구체적이고 명확하게 맥락을 설정하고, 원하는 형태의 예시도 함께 알려주면 답변의 정확도가 높아집니다. 미국에서 개발된 챗GPT는 한국과 관련된 데이터를 영미권 데이터에 비해 상대적으로 적게 습득했으므로, 국악에 관해 질문하면 다음과 같이 반응하기도 합니다.

---

6) "챗GPT, 어쩜 이리 자연스럽니", <주간경향>, 2023.01.09., m.weekly.khan.co.kr/view.html?med_id=weekly&artid=202212301456001&code=114(접속일자: 2023.02.27.).

꽹과리가 뭐야?

"꽹과리"라는 것에 대한 정확한 정보를 알 수 없습니다. 제가 학습된 데이터는 2021년 까지 이며, 당시에는 "꽹과리"라는 단어를 알 수 없었습니다. 더 자세한 정보가 필요한 경우, 정확한 단어나 문장을 제공해주시면 더 도움을 드릴 수 있을 것입니다.

[그림 1-1-6] 국악기 꽹과리에 대해 대답하지 못하는 상황

챗GPT는 잘 모르는 내용에 대해서는 대답을 하지 못하지만, 이를 보완할 수 있는 자료를 입력하면 금세 학습하고 대답합니다. 챗GPT에게 꽹과리에 대한 인터넷 설명을 복사해서 알려주었더니, 다음과 같이 보완해서 답변합니다.

한국의 타악기인 꽹과리에 대해 알려주셔서 감사합니다.

광과리는 소금, 쟁, 회매기라고도 하며 놋쇠로 만든 작고 높은 음의 징입니다. 망치나 막대기로 두드려 연주하는 한국의 전통 악기입니다. Hornbostel-Sachs 분류에서 꽹과리는 주로 몸의 진동을 통해 소리를 내는 것을 의미하는 신체 공명 악기로 간주됩니다.

8음 분류에서 꽹과리는 "금 " 부분은 고음의 금속성 소리를 내는 악기군입니다. 꽹과리는 주로 서민들이 사용했지만 서울 종묘에서 행해지는 한국의 전통 의례음악인 종묘제례악의 정대업에서도 사용된다.

전반적으로 꽹과리는 중요한 부분이다. 한국의 전통 음악과 문화를 이해하고 현대 한국 음악과 공연 등 다양한 환경에서 지속적으로 사용되고 있습니다.

[그림 1-1-7] 꽹과리에 대해 보충 설명한 이후에 대답한 사례

정보를 알려줘서 고맙다는 피드백과 함께 사람이 질문하는 내용을 학습하고, 이 내용을 기억하면서 후속 질문을 해도 관련성 있게 답하는 모습이 놀랍습니다. 이처럼 챗GPT는 질문에 멀티턴을 하면서 대화의 흐름을 분석하고 맞춤형 정보를 제공합니다. 답변의 정확도를 높이기 위해 스스로 딥러닝을 하며 계속 진화합니다.[7)]

7) 변문경 외, <챗GPT 인공지능 융합 교육법>(다빈치books, 2023), 21쪽.

나. 챗GPT의 연령 제한 및 주의점

　챗GPT는 대답을 척척 하지만 오답을 당당하게 내놓기도 하고 정치적, 성적, 인종차별적인 답변을 하는 문제도 있습니다.8) 이런 점 때문인지 현재 챗GPT는 13세 이상부터 사용 가능하고, 18세 미만은 챗GPT 사용 전에 부모 또는 법적 보호자의 허가가 필요합니다. 미성년자인 학생들은 챗GPT의 답변을 선별적으로 수용하기가 어려우므로, 보호자나 교사가 적절하게 지도하는 환경에서 사용하기를 권장합니다. 따라서 저는 챗GPT를 학생들에게 시범을 보이는 방식으로 활용해보았습니다.

1. 등록 및 액세스

서비스를 사용하려면 13세 이상이어야 합니다. 18세 미만인 경우 서비스를 사용하려면 부모 또는 법적 보호자의 허가를 받아야 합니다. 다른 사람이나 단체를 대신하여 서비스를 사용하는 경우 귀하는 그들을 대신하여 약관을 수락할 권한이 있어야 합니다. 계정을 등록하려면 정확하고 완전한 정보를 제공해야 합니다. 귀하는 귀하의 액세스 자격 증명 또는 계정을 조직 외부의 다른 사람이 사용할 수 있도록 할 수 없으며 귀하의 자격 증명을 사용하여 발생하는 모든 활동에 대한 책임은 귀하에게 있습니다.

[그림 1-1-8] 챗GPT 사용자 연령 제한(13세 이상) 안내(출처: Open AI)

　또한 챗GPT의 답변에는 출처가 나오지 않으므로, 정말 정확한지 교사가 검증하면서 학생들에게 알려주어야 합니다. 검색하면 다 알려주는 챗GPT 때문에 지적 능력이 퇴화할 수 있다는 우려의 시각도 있지만, 교사는 답변의 진위 여부를 판별하기 위해 공부를 더 많이 하게 되면서 지금까지와는 다른 방향으로 수업 연구를 하게 되리라고 기대됩니다. 지금까지 정답을 찾기 위한 교육을 했다면, 이제는 원하는 답변을 얻기 위해 어떻게 질문해야 하는지 연구해서 학생들에게 알려주는 교육이 필요합니다.9)

---

8) "챗GPT, 사람이 한땀한땀 가르쳤다 [박건형의 디코드 2.0]", <조선일보>, 2023.02.06., www.chosun.com/economy/tech_it/2023/02/06/P2ZEF55AGVAYDLWSKBXTNMRAOM(접속일자: 2023.02.20.).

9) "'챗GPT' 시대 도래…이젠 발달하는 뇌 부위가 달라질 것", <SBS 뉴스>, 2023.02.13., news.sbs.co.kr/news/endPage.do?news_id=N1007078751(접속일자: 2023.02.19.).

국내에서도 생성형 AI 플랫폼인 뤼튼(wrtn)과 네이버의 큐:(cue:) 등이 출시되었습니다. 교육 현장에서 챗GPT와 같은 생성형 AI는 거스를 수 없는 대세가 될 것입니다. 이제는 챗GPT를 활용하여 음악 수업을 어떻게 발전시킬지 고민할 시기가 왔습니다. 챗GPT로 음악 수업 하는 아이디어와 프롬프트에서 질문하는 방법을 알려드리겠습니다.

다. 챗GPT를 활용한 음악 수업 방법

1) 장애 인식 개선 캠페인송 만들기

챗GPT를 활용하여 장애 인식 개선의 메시지를 담은 캠페인송을 만들 수 있습니다. 장애에 대한 잘못된 선입견을 바꾸고, 장애인을 대하는 에티켓을 배울 수 있는 교육은 참 중요합니다. 그러한 교육을 영상만 감상하는 차원을 넘어서, 가사와 선율을 창작하여 캠페인송 뮤직비디오를 제작하는 수업으로 확장해보았습니다. 심지어 챗GPT는 작곡한 선율을 입력할 작곡 프로그램도 추천해줍니다. 챗GPT와 대화하며 캠페인송을 제작한 과정을 순서대로 보여드리겠습니다.

(1) 가사 쓰기

① 장애 인식 개선을 위한 영상 감상, 자료 검색을 합니다. 시각장애에 대한 영상을 감상하고 시각장애인을 대하는 에티켓을 배웁니다.

[그림 1-1-9] 시각장애에 대한 교육 영상[10]

② 영상의 내용을 반영하여 가사를 쓰기 위해 챗GPT에게 질문을 했습니다.

시각 장애인을 대하는 에티켓을 알려주는 캠페인송을 만들려고 해. 가사를 써 줄래?

번역결과

I'm trying to make a campaign song that tells the etiquette of dealing with the visually impaired. Can you write the lyrics?

[그림 1-1-10] 캠페인송 가사를 써달라는 요청

그랬더니 다음과 같이 답변을 받았습니다. 1~4절에 달하는 가사와 코러스까지 알려줍니다. 시각장애인에게 침착하게 다가가고, 도움이 필요한지 먼저 물어보라는 에티켓의 내용이 담겨 있습니다.

---

10) "우리가 몰랐던 이야기1-시각장애(서울시 장애인식 개선 교육영상)", <유튜브 채널: EBSCulture(EBS 교양)>, youtu.be/PQEfodbDODg(접속일자: 2023.02.22.).

1절:
지팡이를 든 사람이나 안내견을 보면
황소개구리처럼 굴지 말고 침착하게 그들에게 접근하세요.
도움이 필요한지 또는 어디로 가는지 물어보세요.
답변을 존중하고 무리하게 굴지 마세요.

합창:
친절하고 인내심을 가지십시오. 쉽게 할 수 있습니다.
존경심으로 대하십시오. 그들도 사람입니다.
단순한 에티켓이야 소란을 피우지 마
조심하고 약간의 신뢰를 보여주세요.

[그림 1-1-11] 시각장애인을 대하는 에티켓이 담긴 캠페인송 가사

③ 이 가사를 수정 보완할 수 있도록 다시 부탁했습니다. 시각장애와 관련된 에티켓을 추가로 알려주고,11) 가사를 더욱 운율감 있게 만들라고 했습니다.

고마워. 시각 장애인에 대한 에티켓에 다음 내용도 추가해줘. 초등학생도 부를 수 있도록 쉬운 문장으로 가사를 수정해 줄래?

시각장애인 안내보행법: 안내 자세
시각장애인을 안내해 함께 보행할 때는 시각장애인의 반보 앞에 서서 팔꿈치 윗부분을 잡도록 해주세요. 안내하는 팔은 오른쪽이든 왼쪽이든 무방합니다.

의자에 앉힐 때
시각장애인을 의자에 앉혀줄 때는 몸을 돌려 앉히려 하지 말고, 한 손은 의자 등받이에 다른 한 손은 책상에 닿게 해주면 스스로 앉을 수 있습니다..

길 안내할 때
시각장애인에게 길을 알려줄 때는 '저기', '여기'라는 표현 대신에 숫자나 방향(동서남북)를 사용해서 구체적인 정보를 알려주어야 합니다.

[그림 1-1-12] 챗GPT에게 수정 보완할 내용을 구체적으로 알려준 사례

---

11) "시각장애인의 이해 – 시각장애인을 대하는 에티켓", <한국시각장애인복지관>, bit.ly/시각장애에티켓 (접속일자: 2022.02.20.).

추가로 부탁한 내용을 반영하여 아래와 같이 가사를 써주었습니다. 한국어로 번역되어서 어색하지만, 가사의 초안으로 훌륭합니다. 심지어 노래 후반부의 아웃트로(Outro) 가사까지 제안했습니다.

Verse 1:
시각장애인을 안내할 때,
앞에 서서 부드럽게 말하십시오.
너무 세게 조이지 말고 팔꿈치를 잡고
천천히 걸어, 괜찮아.

코러스:
친절하고 인내심을 가지십시오. 쉽게 할 수 있습니다.
존경심으로 대하십시오. 그들도 사람입니다.
단순한 에티켓이야 소란을 피우지 마
조심하고 약간의 신뢰를 보여주세요.

아웃트로:
그들은 다르지도 이상하지도 않다는 것을 기억하세요.
그들은 우리와 똑같고 약간의 변화가 필요합니다.
친절하기는 쉽고 많이 걸리지도 않습니다.
그들을 존중하고 신뢰를 보여주세요.

[그림 1-1-13] 보완 요청 사항을 반영한 캠페인송 가사 초안

챗GPT의 답변을 참고하여 완성한 캠페인송 가사입니다.

1. 시각장애인 만나면 내 이름 소개부터 / 시선을 맞추고 대화를 시작하세요
2. 방향과 장소 알려줄 때 여기저기 안 돼요 / 몇 미터 몇 발짝 정확히 알려주세요
3. 걸어갈 때는 뒤에서 밀지 않아요 / 당신이 반 보 앞에서 함께 걸어요
4. 물건 전해줄 때는 손에 쥐여줘요 / 의자는 먼저 만지고 앉게 해줘요
5. 장애가 있어도 우리와 다르지 않아요 / 존중과 믿음으로 대해주세요

[표 1-1-1] 챗GPT가 제안한 초안을 참고하여 완성한 캠페인송 가사

(2) 반주 코드, 선율 작곡하기

① 캠페인송 반주로 사용할 코드와 선율에 대해 질문했습니다. 제가 원하는 조성, 박자, 마디를 입력하고 코드 구성을 만들어달라고 했습니다.

> 희망찬 느낌의 캠페인송을 만들고 싶어. D장조, 4/4박자, 8마디 분량으로 반주 음악 코드를 알려줘.
>
> **번역결과**
>
> I want to make a campaign song with a hopeful feeling. Tell me the accompaniment music code in D major, 4/4 time, 8 measures.

[그림 1-1-14] 캠페인송 반주 코드를 알려달라는 요청

챗GPT는 일반적인 D장조의 코드 진행이 D-G-A(I-IV-V) D-Bm-G-A(I-vi-IV-V)라고 답변해줍니다. 곡에서 사용할 코드 진행을 알아야, 노래의 맥락에 맞게 음을 알려줄 수 있다고 해서 다시 질문하겠습니다.

> D장조가 있는 캠페인 송에서 희망적인 느낌을 연출하려면 메이저 코드와 경쾌한 리듬의 조합을 사용하는 것이 좋습니다.
>
> 4/4박자에 들어갈 음표에 대해서는 소절 8, 곡의 멜로디나 코드 진행을 모르면 특정 음을 결정할 수 없다. 그러나 D-G-A, D-A-Bm-G 또는 D-Bm-G-A와 같은 D 장조의 일반적인 코드 진행을 사용하는 것을 고려하고 멜로디와 노래의 맥락에 맞는 음표를 선택할 수 있습니다.

[그림 1-1-15] 코드 진행을 알려줘야 음을 알려줄 수 있다는 답변

② 이번에는 D-Bm-G-A 코드에 맞게 선율에 들어갈 음이름을 알려달라고 챗GPT에게 요청했습니다. 그랬더니 이 코드는 비틀스의 <Let it be>를 비롯하여 인기곡에서 흔히 등장하는 진행이며, 캠페인송의 구체적인 선율이나 가사를 알려줘야 음이름을 제시할 수 있다고 답합니다. 스스로 답변하기 어려운 부분을 고백하고, 어떤 점을 보완해서 질문해야 하는지 제안하는 모습이 신기합니다.

D-Bm-G-A 코드에 맞게 D장조 캠페인송 음이름을 알려줘

번역결과

Please tell me the name of the campaign song in D major according to the D-Bm-G-A chord

The D-Bm-G-A chord progression is a common chord progression in D major and has been used in many popular songs, including "Stand by Me" by Ben E. King and "Let It Be" by The Beatles. However, without knowing the specific melody or lyrics of the campaign song, it's not possible to determine the name of the song. If you provide more details about the song, I may be able to assist you better.

번역결과

D-Bm-G-A 코드 진행은 D 장조에서 흔히 볼 수 있는 코드 진행으로 Ben E. King의 "Stand by Me"와 비틀즈의 "Let It Be" 등 많은 인기곡에 사용되었습니다. 그러나 캠페인 노래의 구체적인 멜로디나 가사를 모르면 노래의 이름을 알 수 없다. 노래에 대한 자세한 정보를 제공해 주시면 더 나은 도움을 드릴 수 있습니다.

[그림 1-1-16] 답변을 보완할 수 있는 질문 요소를 알려주는 사례

③ 이번에는 더 구체적으로 4/4박자, D코드에 어울리는 선율의 음이름을 추천해 달라고 질문했습니다. 챗GPT가 알려주는 음이름을 곡의 동기(Motive)로 삼으려 합니다. 챗GPT는 D코드 구성음인 D, F#, A뿐만 아니라 비화성음인 E, G, B까지 포함하여 선율을 제안했습니다.

물론입니다. 4/4박자의 D 코드와 잘 어울리는 멜로디 음표 이름은 다음과 같습니다.

- D E F# G A
- D F# G A B
  - D E F# G A
  - D A B C# D (이 일련의 음표를 D 메이저 스케일이라고 하며 D 코드와 함께 일반적으로 사용됨)
  음악을 작곡하게 되니 자유롭게 실험하고 다양한 음표 조합을 시도하여 자신에게 좋은 소리가 나는지 확인하세요!

[그림 1-1-17] D코드에 어울리는 선율의 음이름을 추천한 사례

학생들이 쉽게 부를 수 있도록 순차 진행하는 D-F#-G-A-B음을 선택하고, 이를 첫 마디에 배치하여 작곡했습니다.

[그림 1-1-18] 챗GPT가 제안한 가사, 코드, 선율을 활용하여 작곡한 캠페인송

④ 마지막으로, 챗GPT에게 코드와 선율을 입력해 음원을 제작할 수 있는 사이트를 알려달라고 했습니다. 챗GPT는 시벨리우스(Sibelius), 뮤즈스코어(MuseScore)처럼 유명한 작곡 프로그램과 노트플라이트(Noteflight), 밴드랩(BandLab)처럼 웹앱 기반의 작곡 사이트를 함께 추천했습니다. 이름뿐만 아니라 특징도 요약해서 알려주는 점이 신기합니다.

음악을 작곡하기 위해 코드와 멜로디를 입력할 수 있는 많은 웹사이트와 소프트웨어 프로그램이 있습니다. 다음은 고려해야 할 몇 가지 옵션입니다.

1. Sibelius: 이것은 음표와 코드를 입력하여 악보와 MIDI 파일을 만들 수 있는 대중적인 악보 소프트웨어 프로그램입니다. 또한 작곡을 재생하여 어떻게 들리는지 들을 수 있습니다.
2. MuseScore: 악보와 MIDI 파일을 만들 수 있는 무료 오픈 소스 악보 소프트웨어입니다. . 사용자 친화적인 인터페이스와 음악 작곡 및 편곡을 위한 다양한 기능이 있습니다.
3. Noteflight: 악보를 만들고 악보를 만들 수 있는 온라인 악보 소프트웨어입니다. 미디 파일. 마우스나 키보드를 사용하여 음표와 코드를 입력할 수 있으며 라이브 오디오 녹음 기능도 있습니다.
4. BandLab: 무료 온라인 음악 제작 플랫폼으로 음악 프로젝트를 만들고 공동 작업합니다. 멜로디와 코드를 만들고 편집할 수 있는 MIDI 편집기가 내장되어 있을 뿐만 아니라 음악을 작곡하고 편곡할 수 있는 다양한 기타 기능이 있습니다.

도움이 되었기를 바랍니다. , 작곡에 행운을 빕니다!

[그림 1-1-19] 작곡 프로그램 및 사이트 추천

⑤ 챗GPT가 추천한 밴드랩(BandLab)[12])에 접속했습니다. 밴드랩은 앱 설치 없이 크롬 브라우저에서 바로 접속할 수 있고, 스마트폰으로도 쉽게 이용할 수 있는 작곡 사이트입니다. 밴드랩에서 노래 선율, 코드 반주, 비트를 입력합니다.

[그림 1-1-20] 밴드랩에서 캠페인송 선율, 반주, 비트를 입력

---

12) bandlab.com 자세한 밴드랩 사용법은 162쪽 참조.

⑥ 완성된 음원을 활용하여 캔바(Canva)[13]에서 영상 제작도 가능합니다. 음원을 배경에 삽입하고, 가사를 돋보이게 하는 시각적 요소들을 추가합니다.

[그림 1-1-21] 캔바에서 캠페인송 영상 제작

 [QR 1-1-1] 챗GPT, 밴드랩, 캔바를 활용하여 작곡한 캠페인송 영상 예시[14]

챗GPT 덕분에 작사, 작곡이 이렇게 쉬워졌습니다. 챗GPT로 검색해서 창작 아이디어를 얻은 시간은 단 몇 분입니다. 학생이 느끼는 창작의 고통과, 이런 학생을 지도하는 교사의 고충이 AI의 도움으로 확연히 줄어듭니다. 2022 개정 교육과정에서 중요시되는 창작 수업이 AI 덕분에 쉬워질 수 있습니다.

---

13) canva.com 자세한 사용법은 168쪽 참조.
14) bit.ly/캠페인송

2) 음악 진로 알아보기

챗GPT가 없던 시절에 음악과 관련된 직업, 진로에 대해 조사하는 수업을 해보았습니다. 음악과 관련된 직업이 목록으로 정리된 자료를 찾기 어려워서 '음악 직업'이라는 키워드로 유튜브나 구글에서 검색하는 활동을 했습니다. 검색으로 나오는 자료가 한정적이어서 직업에 대해 간단하게 살펴보는 정도로만 수업을 할 수 있었습니다.

[그림 1-1-22] 과거에 인터넷 검색으로만 음악 직업을 조사했던 사례

챗GPT의 등장으로 음악 직업을 더욱 구체적으로 파악하고, 어떻게 공부해야 하는지 진로 설정에 대한 상담도 할 수 있게 되었습니다. 챗GPT에게 음악 관련 직업을 구체적으로 알려달라고 질문했더니 다음과 같이 알려줍니다. 이리저리 검색하러 다니던 시간이 줄어들고, 직업이 일목요연하게 제시되니 훨씬 편리합니다.

다음을 포함하여 음악과 관련된 다양한 직업이 있습니다.

1. 음악가 - 악기 연주, 노래 또는 밴드, 오케스트라 또는 기타 음악 그룹에서 공연
2. 가수 - 솔로 또는 그룹으로 성악 연주
3. 작곡가 - 영화, TV 쇼, 비디오 게임 및 광고와 같은 다양한 유형의 미디어를 위한 독창적인 음악을 작곡합니다.
4. 음악 교사 - 가르칩니다. 모든 연령대의 학생을 위한 음악 이론, 연주 및 작곡
5. 음악 프로듀서 - 음악의 녹음, 믹싱 및 마스터링을 감독하고 음악가와 협력하여 프로젝트의 전반적인 사운드와 방향을 형성합니다.
6. 음악 치료사 - 음악을 사용하여 신체적, 정서적 또는 인지적 문제가 있는 사람들이 건강과 웰빙을 개선하도록 돕습니다.
7. 음악 저널리스트 - 신문, 잡지에 음악 산업 및 음악가에 대한 기사, 리뷰 및 특집을 작성합니다. 또는 온라인 간행물
8. 음악 산업 임원 - 레코드의 비즈니스 운영을 관리하고 지시합니다. 음반사, 음반 출판 회사 또는 음악 공연장
9. 음악 변호사 - 음악가, 음반사 및 기타 음악 산업 전문가에게 법률 자문 및 서비스 제공
10. 음악 편곡가 - 다양한 악기에 맞게 기존 음악 조정 스타일이나 기존 곡에 대한 새로운 편곡을 만듭니다.

이들은 음악과 관련된 많은 직업 중 일부일 뿐이며 콘서트 프로모터와 같이 음악 산업을 지원하는 다른 많은 역할이 있습니다. , 사운드 엔지니어, 음악 사서, 악기 제작자 등이 있습니다.

[그림 1-1-23] 음악과 관련된 직업을 소개하는 답변

어떤 학생이 '톤 마이스터'라는 직업에 대해 질문했을 때 제가 답변하기를 머뭇거렸던 기억이 납니다. 저에게도 톤 마이스터는 생소한 직업이라 어떤 공부를 해야 하는지, 어디서 근무할 수 있는지 빠르게 찾아서 답하기가 어려웠습니다. 챗GPT에게 톤 마이스터에 대해 물었더니 이렇게 답해줍니다. 대학에서 어떤 분야를 공부하고, 어떤 경험을 해야 하며, 갖추어야 할 기술이 무엇인지까지 알려줍니다.

Tonmeister가 되려면 일반적으로 음악 및 오디오 기술에 대한 깊은 이해가 필요합니다. 대부분의 Tonmeister는 대학 수준에서 오디오 공학, 음악 기술 또는 관련 분야를 공부했습니다. 일부 대학에서는 톤마이스터 전문 프로그램을 제공하고 다른 대학에서는 톤마이스터 전문 과정을 통해 오디오 엔지니어링 또는 음악 기술 학위를 제공합니다.

정식 교육 외에도 실제 경험은 톤마이스터가 되기 위해 필수적입니다. 여기에는 녹음 스튜디오, 라이브 음악 공연장 및 기타 오디오 제작 환경에서 작업하는 것은 물론 음악가 및 기타 오디오 전문가와의 협업이 포함됩니다.

톤마이스터가 일반적으로 보유하고 있는 핵심 기술 및 지식 영역은 다음과 같습니다.

- 음악 이론 및 연주에 대한 이해
- 오디오 장비 및 소프트웨어 사용 능력
- 음향 및 소리 전파에 대한 지식
- 오디오 신호 분석 및 조작 능력
- 다양한 음악 장르 및 스타일에 대한 친숙함
- 강력한 커뮤니케이션 및 협업 기술

[그림 1-1-24] 톤 마이스터는 어떤 직업인지 소개하는 답변

이번에는 톤 마이스터가 되려면 대학에서 어떤 과목을 이수해야 하는지, 세계적으로 유명한 톤 마이스터가 누구이며, 어떤 학교에서 공부하면 되는지도 물었습니다. 인터넷으로만 직업을 조사하던 시절에는 쉽사리 설명하지 못했던 부분이지만, 챗GPT의 도움으로 더욱 깊이 있게 직업을 알려줄 수 있게 되었습니다. 물론 이 답변에는 출처가 없으므로, 교사가 검증해서 학생들에게 알려주는 과정이 필요합니다. 이런 부분만 해결된다면 학생과 음악 직업, 산업, 진로에 대한 수업을 할 때 챗GPT의 역할이 커지리라고 기대됩니다.

Tonmeister가 되려면 음악과 오디오 엔지니어링 모두에 대한 탄탄한 기반이 필요합니다. 학위 프로그램의 일부로 공부할 수 있는 주요 과목은 다음과 같습니다.

1. 음악 이론 및 작곡: 이 과목은 하모니, 멜로디, 리듬, 및 표기법.
2. 음향 및 소리 전파: 이 주제는 소리의 물리적 속성과 소리가 공기, 물, 고체와 같은 다양한 매체를 통해 이동하는 방법을 탐구합니다.
3. 녹음 기술: 이 주제는 마이크 배치, 신호 흐름 및 믹싱을 포함하여 녹음의 원리와 기술을 다룹니다.
4. 디지털 오디오 제작: 이 주제는 디지털 오디오 워크스테이션(DAW)과 오디오를 녹음, 편집 및 믹싱하는 소프트웨어 도구의 사용을 다룹니다.
5. 신호 처리: 이 주제는 오디오 사용을 다룹니다. 오디오 신호를 조작하기 위한 리버브, 딜레이 및 압축과 같은 효과.
6. 음악 제작: 이 주제는 편곡, 프로듀싱 및 마스터링을 포함한 음악 제작을 다룹니다.
7. 스튜디오 관리: 이 주제는 프로젝트 관리, 예산 책정 및 마케팅을 포함하여 녹음 스튜디오 또는 오디오 제작 회사 운영의 비즈니스 측면을 다룹니다.

이러한 과목 외에도 오디오 제작의 기술적 측면을 더 깊이 이해하기 위해 전기 공학, 컴퓨터 과학 또는 기타 관련 분야의 과정을 수강할 수도 있습니다.

유명한 톤마이스터 중 한 명은 영국의 오디오 엔지니어이자 비틀즈의 많은 앨범 작업을 한 제프 에머릭(Geoff Emerick)입니다. 그는 혁신적인 녹음 기술로 유명했으며 밴드의 독특한 사운드를 형성하는 데 핵심적인 역할을 했습니다.

대학 및 전공의 경우 톤마이스터와 함께 오디오 공학 또는 음악 기술 프로그램을 제공하는 여러 대학 및 대학이 있습니다. 전문화. 잘 알려진 기관은 다음과 같습니다.

- University of Surrey(영국)의 Tonmeister 프로그램
- Liverpool Institute for Performing Arts(영국)의 오디오 엔지니어링 및 사운드 프로덕션 프로그램
- New York University(미국)의 음악 기술 프로그램
- Berklee College of Music(미국)의 오디오 엔지니어링 프로그램
- Hochschule für Musik Detmold의 톤마이스터 프로그램(독일)

전공 측면에서 오디오 공학, 음악 기술 또는 전기 공학이나 음향과 같은 관련 분야를 공부하는 것을 고려할 수 있습니다. 이러한 프로그램은 일반적으로 음악 이론, 사운드 디자인, 오디오 신호 처리 및 디지털 오디오 제작과 같은 주제를 다룹니다.

공식 교육도 중요하지만 성공적인 톤마이스터가 되기 위해서는 실제 경험도 필수적이라는 점을 명심하십시오. 음악 및 오디오 제작 업계에서 실무 경험을 쌓을 수 있는 인턴십, 견습생 또는 기타 기회를 찾고 싶을 수 있습니다.

[그림 1-1-25] 톤 마이스터 진로를 위해 필요한 정보 제시

3) 음악 진실 게임 하기

학생들이 평소 음악에 관해 궁금했던 질문을 하나씩 찾고, 챗GPT에 제시해서 받은 답변이 얼마나 정확한지 검증하는 수업을 했습니다. 챗GPT는 연령 제한이 있으므로 학생들이 구글 클래스룸에 질문을 올리면, 제가 챗GPT에 대신 입력하여 답변을 보여주는 형태로 수업했습니다.

[그림 1-1-26] 클래스룸의 과제 - 공개 댓글로 음악에 대한 질문 수집

챗GPT가 알려주는 답변을 학생들과 공유하며 이야기를 나누었습니다. 답변이 얼마나 정확한지 학생들이 직접 검증하고, 증빙 자료를 찾아서 패들렛에 공유하는 활동을 해보았습니다. 챗GPT의 답변이 음악에 대해 다양하게 알아보는 탐구 주제가 되었습니다.

또, 음표(Note)의 종류와 길이에 대해서 챗GPT가 답을 할지 궁금했습니다. 음표의 종류와 음의 길이를 알려달라고 질문하니 다음과 같이 답합니다. 한국어로 번역하는 과정에서 어색한 부분이 있으나 전체 음표(Whole note)는 온음표(**O**), 하프 노트(Half note)는 2분음표(♩)를 말합니다. 질문할 때 '서양 음악'이라는 용어를 쓴 적이 없으나, 챗GPT가 스스로 서양 음악의 기보법이라는 기준을 세워서 답변한 점이 신기합니다. 우리나라 정간보가 1정간이 1박이 되어 음의 길이를 표현하듯이, 기보법은 서양 음악의 오선보 체제 외에도 다양하게 존재합니다. 챗GPT의 답변을 계기로 여러 가지 기보법에 관해서 학생들에게 알려줄 수 있었습니다.

확실히! 서양 악보에서 음의 길이는 모양으로 표시되며 음의 길이는 전체 음의 길이에 비례합니다. 다음은 모양 및 상대적 지속 시간과 함께 가장 일반적인 음표 길이입니다.

- 전체 음표: 타원형 모양, 열리거나 채워지지 않음. 지속 시간은 4박자입니다.
- 하프 노트: 줄기가 있는 타원형 모양입니다. 지속 시간은 2박자입니다.
- 4분 음표: 줄기가 있는 검은색 원입니다. 지속 시간은 1박자입니다.
- 8분 음표: 줄기와 깃발이 있는 검은색 원입니다. 지속 시간은 반 박자입니다.
- 16분 음표: 줄기와 두 개의 깃발이 있는 단색의 검은색 원입니다. 지속 시간은 비트의 1/4입니다.
- 30초 음표: 줄기와 세 개의 깃발이 있는 검은색 원. 지속 시간은 비트의 8분의 1입니다.
- 64분 음표: 줄기와 4개의 깃발이 있는 검은색 원. 지속 시간은 비트의 16분의 1입니다.

음 지속 시간을 결합하여 다른 리듬 패턴을 만들 수 있음을 명심하십시오. 예를 들어 4분음표 2개는 2분음표 1개와 길이가 같고 8분음표 4개는 2분음표 1개와 길이가 같습니다.

[그림 1-1-27] 서양 악보에서 사용하는 음표 종류를 제시

위의 답변은 음표의 모양을 문장으로 묘사했습니다. 음표의 모양을 학습시키면 어떤 답변이 나올지 궁금했습니다. 다음과 같이 음표의 모양을 알려주고, 일목요연하게 표로 정리해보라고 요청했습니다.

음표는 다음과 같이 생겼어. 음표 모양을 인식해서 다시 표를 만들어줘.

온음표: 𝅝
2분음표: 𝅗𝅥
4분음표: ♩
8분음표: ♪
16분음표: 𝅘𝅥𝅯
32분음표: 𝅘𝅥𝅰
64분음표: 𝅘𝅥𝅱

[그림 1-1-28] 음표의 모양을 알려주고 표를 그리라고 요청

질문이 끝나자마자 순식간에 표를 만들었습니다. 과연 대화형 AI답게 즉각적으로 피드백을 합니다. 그러나 4분음표(♩)를 8분음표(♪) 모양으로 제시하고, 32분음표를 30분음표라고 알려주는 등 틀린 대답을 했습니다. 챗GPT의 답은 교사가 유심히 살펴보고 검증하는 과정이 꼭 필요합니다. 어떤 부분이 틀렸는지 피드백하니, 수정 내용을 반영하여 정답을 말하며 발전하는 모습도 보였습니다.

물론이죠! 다음은 음표 유형과 길이를 나열한 표입니다.

음표 유형	기호	길이
전체 노트	𝅝	4박자
하프 노트	𝅗𝅥	2박자
4분 노트	♪	1박자
8분음표	♪	1/2박자
16분 음표	♪	1/4박자
30분 음표	♪	1/8박자
64분음표	♪	1/16박자

[그림 1-1-29] 음표의 유형, 모양, 길이를 표로 정리했으나 오답 제시

이번에는 챗GPT가 리듬도 인식하는지 질문했습니다. ♪♩♪♫ 리듬을 알려주고 4/4박자에 맞게 리듬을 창작했는지 질문했습니다. 리듬 창작을 할 때 학생들이 음표의 길이를 헷갈리는 경우가 있습니다. 만약 챗GPT가 음표의 길이도 정확히 계산할 수 있다면, 리듬 창작 수업에서 도움을 받을 수 있으리라는 기대가 생겼습니다.

> 🎧 4/4박자로 리듬 창작을 하는데, 한 마디에 ♪ ♩♪♫ 이라고 창작하면 길이가 맞을까?
>
> **번역결과**
>
> If you create a rhythm in 4/4 time, is it the right length if you create ♪ ♩♪♫ in one word?

[그림 1-1-30] 4/4박자에 맞는 리듬인지 질문한 사례

사실 챗GPT에게 질문한 리듬(♪♩♫)은 총 3박의 길이에 해당합니다. 챗GPT가 4/4박자의 길이에 해당되지 않는 리듬이라고 말해서 다행이라고 생각했으나, 자세히 읽어보니 틀린 답이었습니다.

> 아니요, 한 단어로 된 리듬 ♪ ♩♫은 4/4박자의 길이가 적절하지 않습니다.
>
> 4/4박자의 각 마디에는 4박자와 4분음표(♩) 한 비트를 나타냅니다. 리듬 ♪ ♩♫는 4분 음표 1개와 8분 음표 3개가 포함되어 있으며, 이 둘의 합도 1박이 됩니다. 따라서 이 리듬은 4/4 박자에 맞지만 4박자의 전체 마디가 아닌 1박자만 차지합니다.

[그림 1-1-31] 리듬이 4/4박자에 해당하지 않는 이유를 틀리게 대답

챗GPT는 4분음표(♩) 1개와 8분음표(♪) 3개가 합쳐지면 1박이 된다고 답했습니다. 그러나 제가 제시한 리듬에는 8분음표가 4개 쓰였으며(♪♪♫), 4분음표(♩)까지 포함하면 총 3박에 해당하는 길이입니다. 챗GPT가 너무 자신 있게 답을 해서, 자세히 읽지 않으면 깜빡 속을 수도 있겠습니다. 이처럼 챗GPT의 답변이 진실인지 학생들과 검증하는 과정은 리듬 공부를 재미있게 하는 계기가 되었습니다.

챗GPT는 한국에 대한 데이터 습득량이 적으므로, 한국의 전통 현악기인 가야금이 무엇인지 질문하면 '일본의 전통 음악 장르'라고 잘못된 대답을 합니다.

> 가야금의 특징이 뭐야?
>
> 가야금은 일본의 고전 음악 중 하나로, 일본 전통 음악의 일종입니다. 가야금은 일본의 전통 음악 중에 서 가장 오래된 음악 중 하나로, 일본의 전통 음악 중에서 가장 중요한 장르 중 하나입니다. 가야금은 일본의 전통 음악 중에서 가장 중요한 장르 중 하나이며, 일본의 전통 음악 중에서 가장 중요한 장르 중 하나입니다.
>
> 가야금은 일본 전통 음악 중에서 가장 중요한 장르 중 하나로, 일본 전통 음악 중에서 가장 중요한 장 르 중 하나입니다. 가야금은 일본 전통 음악 중에서 가장 중요한 장르 중 하나이며, 일본 전통 음악 중 에서 가장 중요한 장르 중 하나입니다. 가야금은 일본 전통 음악 중에서 가장 중요한 장르 중 하나이 며, 일본 전통 음악 중에서 가장 중요한 장

[그림 1-1-32] 가야금이 일본의 전통 음악, 장르라고 오답

챗GPT는 이처럼 오답도 많이 제시하지만, 학생들이 간접적으로 보면서 체험하는 것만으로도 변화하는 세상의 흐름을 배울 수 있다고 생각합니다. 이제는 챗GPT를 활용하여 음악 수업 할 방법을 연구하고, 학생들이 원하는 답을 얻을 수 있도록 질문을 명확하게 제시하는 방법을 가르칠 때입니다.

4) 자살 예방 뮤지컬 만들기

우리나라는 OECD(경제협력개발기구) 회원국 중 자살률이 가장 높은 국가로, 10대 아이들의 사망 원인 1위가 자살[15]이라는 사실이 가슴 아픕니다. 학교에서는 자살 예방 차원에서 생명 존중 교육을 매년 실시합니다. 더욱 실감 나는 교육을 위해 뮤지컬 전문 공연팀을 학교에 초청하고, 생명 존중에 대한 뮤지컬 공연을 전교생이 관람한 적이 있습니다. 배우들의 연기를 보면서 자살 예방에 대한 메시지를 강렬하게 느끼고, 따뜻한 분위기의 배경음악을 들으며 마음이 치유되는 기분이었습니다. 언젠가 이 주제로 학생들이 뮤지컬을 직접 제작해서 공연한다면, 생명 존중 의식을 오랫동안 간직할 수 있겠다는 기대를 해보았습니다.

하지만 뮤지컬 제작은 정말 어렵습니다. 학기 말 프로젝트로 음악, 국어, 미술, 체육 교과가 함께 뮤지컬 융합수업을 진행한 적이 있습니다. 중1 학생들이 직접 대본을 쓰고, 연기와 노래를 연습하고, 안무를 창작하기까지 한 학기가 꼬박 걸렸습니다. 중1에게 대본 작성은 꽤 어려웠는지, 대본이 나오기까지 거의 한 달 이상 소요되었습니다. 이에 따라 연기, 음악, 안무를 준비하는 과정도 줄줄이 지연되면서 본격적인 뮤지컬 연습이 늦어질 수밖에 없었습니다. AI의 도움을 받으면 뮤지컬 제작 시간이 확연하게 단축되겠다는 생각이 들어 챗GPT에게 질문을 시작했습니다.

---

15) "[사설] 모두가 알면서도 해결 못하는 OECD 1위 한국 자살률", <매일경제>, 2022.07.27., www.mk.co.kr/news/editorial/10400837(접속일자: 2023.02.22.).

(1) 대본 쓰기

자살 예방을 주제로 하는 뮤지컬을 만들고 싶어. 등장 인물은 5명으로 설정하고, 각 장면에 어울리는 배경음악도 추천해줘.

번역결과

I want to make a musical with the theme of suicide prevention. Set the characters to 5 people, and recommend background music suitable for each scene.

[그림 1-1-33] 뮤지컬 주제, 등장인물의 수, 배경음악을 질문

    다섯 명이 등장하는 자살 예방 뮤지컬을 만들어달라고 입력했더니, 챗GPT가 순식간에 대본의 개요를 썼습니다. <Hold On(잠시만요)>이라는 제목의 총 2막짜리 뮤지컬입니다. 다섯 명의 등장인물은 실직, 암, 이별, 우울증, 친한 친구의 자살과 관련해서 아픔을 겪고 있습니다.

제목: 잠시만요

막 1

장면 1: 소개
커튼이 열리고 둥글게 의자에 앉아 있는 다섯 사람의 모습이 드러납니다. 그들은 모두 검은색 옷을 입고 있고 슬퍼 보입니다.

나레이터: "인생은 때로 힘들 수 있습니다. 포기하고 싶은 마음이 들 수 있지만 버텨야 합니다."

장면 2: 투쟁
각 캐릭터는 번갈아 가며 삶의 어려움을 공유합니다.

캐릭터 1: "직장을 잃었고 더 이상 가족을 부양할 수 없습니다."
캐릭터 2: "저는 암 진단을 받았는데 암에 걸리지 않을까 두렵습니다."
캐릭터 3: "내 여자 친구가 나를 떠났고 나는 외로워요."
캐릭터 4: "저는 불안과 우울증에 시달리고 있는데 어떻게 대처해야 할지 모르겠습니다."
CHARACTER 5: "자살로 가장 친한 친구를 잃었고, 구하지 못한 것에 죄책감을 느낍니다."

[그림 1-1-34] 뮤지컬의 1막에서 등장인물이 겪는 삶의 어려움 소개

이번에는 학생들이 뮤지컬에서 연기하며 동질감을 느낄 수 있도록, 등장인물을 청소년으로 설정해달라고 했습니다. 그랬더니 등장인물이 자살을 느끼는 이유가 미묘하게 달라집니다. 부모님의 이혼, 학교 폭력, 부모님의 지나친 기대 등 실제로 청소년들이 불안을 느낄 만한 요인을 잘 넣었습니다. 이처럼 챗GPT는 질문의 맥락을 어떻게 설정하느냐에 따라 결과물이 달라지므로, 질문을 최대한 구체적이고 명료하게 제시해야 원하는 답을 얻을 수 있습니다.

1막

장면 1: 소개
다섯 명의 십대(Jasmine, Mark, Lily, Alex, Emily)가 소개됩니다. 그들은 모두 자신의 투쟁에 직면하고 외로움을 느끼고 있습니다. 그들은 'Alone'을 부르며 그들의 감정을 표현한다.

Scene 2: The Struggles
Jasmine은 부모님의 이혼을 처리하고 자신이 소속되지 않은 것처럼 느끼고 있습니다. Mark는 학교에서 괴롭힘을 당하고 무력감을 느낍니다. 릴리는 우울증과 불안으로 어려움을 겪고 있습니다. 알렉스는 부모님의 기대에 부응해야 한다는 압박감에 시달리고 있습니다. 에밀리는 자살로 죽은 가장 친한 친구를 잃고 슬퍼하고 있습니다. 그들은 고통을 표현하기 위해 "Struggles"를 부릅니다.

Scene 3: The Connection
Jasmine은 십대를 위한 지원 그룹에서 Mark, Lily, Alex, Emily를 만납니다. 그들은 서로에게서 위안을 찾고 그들의 새로운 희망을 표현하기 위해 "Connection"을 노래합니다.

[그림 1-1-35] 삶의 어려움을 청소년 등장인물에 맞게 변형

(2) 배경음악 추천

뮤지컬을 제작할 때 장면에 어울리는 배경음악 고르는 데 시간이 꽤 걸립니다. 음악적 경험이 적은 학생들은 다양한 장르와 분위기의 음악을 직접 찾기가 어렵습니다. 그래서 교사가 음악 샘플을 몇 가지 제시하게 되는데, 이 샘플이 그대로 배경음악이 되는 경우가 많아서 교사가 '음악을 정해주는' 상황이 되어버리곤 합니다. 또한 유튜브에서 '신나는 느낌의 음악' 등으로 검색하여 음악을 찾을 수도 있으나, 학생들이 원하는 음악이 나올 때까지 계속 찾는 과정은 소모적이기도 합니다. 이런 어려움

을 챗GPT가 해결해준다면, 효율적으로 배경음악을 선곡할 수 있습니다. 앞에서 챗GPT가 제시한 뮤지컬 내용에 맞게 배경음악을 추천해달라고 프롬프트에 질문을 입력했습니다.

막 1

장면 1: 소개

- Halsey의 "Alone"
- "1-800-273-8255", Logic, Alessia Cara 및 Khalid
- "Everybody Hurts", R.E.M.

장면 2: The Struggles

- Alessia Cara의 "Scars to Your Beautiful"
- Kesha의 "Praying"
- Imagine Dragons의 "Demons"

Scene 3: The Connection

- Bill Withers의 "Lean On Me"
- Bruno Mars의 "Count on Me"
- Carole King의 "You've Got a Friend"

[그림 1-1-36] 뮤지컬 배경음악을 팝송 중심으로 추천

챗GPT는 대부분 팝송을 추천해주었으나, 잘 모르는 곡이라서 선율이 머릿속에 그려지지 않습니다. 이번에는 클래식 곡으로 배경음악을 바꾸고, 장면의 줄거리와 함께 표로 정리하라고 요청했습니다.

> 각 장면에 맞는 뮤지컬 배경음악을 클래식으로 추천하고, 각 장면의 줄거리와 음악을 표로 정리해줘.
>
> **번역결과**
>
> Recommend musical background music suitable for each scene as a classic, and organize the plot and music of each scene in a table.

[그림 1-1-37] 클래식 배경음악을 줄거리와 함께 표로 제시하라는 요청

챗GPT는 1~2막의 장면에 어울리는 클래식 배경음악을 표로 정리해서 보여주었습니다. 각 장면의 줄거리를 읽으며 추천한 배경음악의 선율을 떠올리면, 대본과 곡의 분위기가 절묘하게 맞습니다. 장면에 딱 맞는 음악을 선곡하는 챗GPT의 능력에 소름이 돋았습니다.

물론입니다. 추천 배경 음악과 함께 장면 1, 2, 3의 줄거리를 요약한 표는 다음과 같습니다.

행동	장면	플롯	권장 배경 음악
1	1	한 십대가 압도적인 감정에 시달리고 외로움을 느낍니다. 그들은 자살을 고려합니다.	루드비히 판 베토벤의 "월광 소나타" 중 "아다지오 소스테누토"
1	2	10대 청소년은 친구와 가족에게 연락을 시도하지만 듣지 못하고 오해를 받는다고 느낍니다. 그들은 계속해서 압도되고 외로움을 느낍니다.	Ludwig van Beethoven의 "Symphony No. 5 in C Minor, Op. 67: I. Allegro con brio"
1	3	십대 청소년은 자살 예방 핫라인을 발견하고 자신의 어려움을 이해하고 공감하는 훈련된 상담사에게 마음을 열기 시작합니다.	" Pavane pour une infante défunte" by Maurice Ravel
2	1	10대는 치료 세션에 참석하기 시작하고 그들의 미래에 대한 희망. 그러나 급우들에게 괴롭힘을 당하고 조롱을 당하며 절망감과 고립감이 오래 지속됩니다.	"Peer Gynt Suite No. 1, Op. 46: IV. In the Hall of the Mountain King" by Edvard Grieg
2	2	10대 청소년은 치료에 획기적인 발전을 이루고 삶에 긍정적인 변화를 일으키기 시작합니다. 그들은 자연에서 위안을 찾고 삶의 아름다움을 다시 보기 시작합니다.	"사계, 협주곡 4번 F단조, Op. 8, RV 297, "L'inverno"(겨울) : II. Largo" by Antonio Vivaldi
2	3	정신 건강 문제로 어려움을 겪는 다른 사람들을 위한 지원 그룹에 합류한 십대 그리고 자살 생각. 그들은 공동체 의식과 소속감을 찾고 자신의 투쟁에서 혼자가 아니라고 느끼기 시작합니다.	"교향곡 9번 마단조 Op. 95, "신세계로부터": IV . Allegro con fuoco" by Antonin Dvorak

[그림 1-1-38] 클래식 배경음악을 줄거리와 함께 표로 정리

예컨대 1막의 장면 3의 배경음악은 프랑스의 인상주의 작곡가 라벨의 <죽은 왕녀를 위한 파반느>입니다. 저는 이 곡에서 따뜻하고 조심스러운 분위기를 느끼고, 장조이지만 슬픔이 내재된 느낌을 받습니다. 뮤지컬 1막의 장면 3은 청소년들이 상담사와 라포를 형성하고 서서히 마음을 여는 구간입니다. 여전히 우울한 상태이지만 자신들을 공감해준 상담사에게 조금씩 희망을 느끼며 변화를 준비하는 청소년들의 심정을 이 음악이 잘 나타내준다고 생각합니다.

[QR 1-1-2] 라벨 <죽은 왕녀를 위한 파반느>16)

(3) 배경 화면 추천

이번에는 각 장면에 어울리는 배경 화면을 AI로 만들어보려고 합니다. 빙 이미지 크리에이터(Bing Image Creator), 미드저니(Midjourney), 스테이블 디퓨전(Stable Diffusion) 등은 문장으로 이미지를 생성하는 AI 사이트로, 챗GPT처럼 이미지에 대해 묘사하는 문장을 입력하면 이미지를 창작합니다.

 뮤지컬 무대의 배경화면을 만들거야. 빙 이미지 크리에이터, 미드저니, 스테이블 디퓨전같은 AI 그림 사이트에서 제작하려고 해. 배경화면 프롬프트를 만들어줘.

번역결과

I'm going to make a wallpaper of the musical stage. I'm trying to create on AI drawing sites like Bing Image Creator, Midjourney, and Stable Diffusion. Create a wallpaper prompt.

[그림 1-1-39] 무대 배경 화면을 묘사하는 프롬프트 요청

챗GPT가 뮤지컬 1막의 장면 1에서 활용할 배경 화면 이미지를 다음과 같이 묘사했습니다. 청소년들이 압도적인 감정이 시달리고 외로움을 느끼는 장면과 어울리는 문장입니다.

---

16) bit.ly/라벨파반느

장면 1:

- 번개가 번쩍이는 어둡고 폭풍우가 치는 밤을 상상해 보세요. 황량한 풍경입니다.
- 달빛이 비치는 하늘을 배경으로 언덕 위의 외로운 나무를 그려보세요.
- 격렬한 감정과 상충되는 생각을 추상적으로 묘사하세요.

[그림 1-1-40] 무대 배경 화면을 묘사하는 문장 답변

이미지 생성 AI 사이트인 스테이블 디퓨전(Stable Diffusion)[17]에 접속하고, 챗GPT가 알려준 문장을 영어로 입력해보았습니다(Picture a lone tree on a hill with a moonlit sky in the background.). 몇 초 만에 무대 배경 화면이 다음과 같이 완성되었습니다.

Picture a lone tree on a hill with a
moonlit sky in the background.

[그림 1-1-41] 문장을 입력하여 완성한 배경 화면(출처: 스테이블 디퓨전)

---

17) stablediffusionweb.com

(4) 안무 동작 추천

뮤지컬에서 가장 지도하기 어려웠던 요소는 안무였습니다. 저는 춤과 거리가 멀어서, 무용을 전공한 안무 강사의 도움으로 겨우 안무를 완성했던 기억이 납니다. 챗GPT가 과연 안무 동작도 추천해줄 수 있을지 알아봤습니다.

> 🔘 뮤지컬의 각 장면에 어울리게 안무 동작을 알려줘.
>
> **번역결과**
>
> Tell me the choreography moves that go well with each scene in the musical.

[그림 1-1-42] 뮤지컬의 각 장면에 어울리는 안무 요청

안무 동작을 글로 세세하게 표현하지는 못하지만, 안무의 큰 흐름이나 분위기는 알려줍니다. 어떤 느낌을 유지하며 동작해야 하는지 조언까지 해줍니다.

> AI 언어 모델로서 특정 음악에 대한 특정 안무 동작 세트에 액세스할 수 없습니다. 하지만 안무 동작을 배경 음악과 일치시키기 위한 몇 가지 일반적인 지침은 드릴 수 있습니다.
>
> 뮤지컬의 안무 동작을 선택할 때는 음악의 리듬, 템포, 분위기를 고려하는 것이 중요합니다. 위에서 추천한 배경음악과 어울리는 안무 꿀팁입니다.
>
> 장면 1:
>
> - 음악의 몽환적이고 우울한 분위기에 어울리는 느리고 유동적인 동작을 선택하세요. .
> - 지속적인 들기 또는 흐르는 팔 움직임과 같이 떠다니거나 표류하는 느낌을 불러일으키는 움직임을 통합합니다.
> - 날카롭고 갑작스러운 움직임을 사용하여 음악에서 번개 섬광을 강조합니다. .

[그림 1-1-43] 안무 동작을 선택하는 팁 제공

이번에는 1막의 장면 3의 배경음악으로 추천했던 Bruno Mars의 <Count on Me>를 언급하면서 동작을 알려달라고 요청했습니다. 장면 3은 청소년들이 상담사에게 마음을 여는 부분입니다.

장면 3에서 추천한 Bruno Mars의 "Count on Me"에 어울리는 동작을 알려줘.

번역결과

Please tell me the move that goes well with Bruno Mars' "Count on Me" recommended in scene 3.

[그림 1-1-44] 특정 장면의 팝송 배경음악과 어울리게 안무 요청

팔을 연결하며 팀워크를 나타내기, 활기차게 점프하기, 포옹으로 마무리하기 등 장면 3에서 등장인물들이 일체감을 느끼는 구간을 표현하도록 동작을 조언했습니다. <Count on Me>의 가사는 아무리 힘들어도 친구인 자신을 믿으라는 내용으로, 이를 챗GPT가 반영하여 안무를 제시했습니다. 이렇게 안무 가이드라인을 알려주니 어떤 느낌으로 동작을 구성할지 조금씩 감이 생깁니다.

Bruno Mars의 "Count on Me"는 우정과 지원에 대한 경쾌하고 긍정적인 노래입니다. 다음은 Scene 3의 노래와 잘 어울릴 수 있는 몇 가지 안무 동작입니다. .

- 팔을 연결하거나 동시 동작을 하는 것과 같이 팀워크와 단결을 나타내는 파트너 또는 그룹 동작을 통합합니다.
- 노래의 활기찬 비트에 맞춰 점프 또는 도약을 사용하여 기쁨과 축하의 느낌.
- 서로를 잡거나 들어올리는 등 신뢰와 지지를 나타내는 동작을 포함합니다.
- 가사를 강조하기 위해 가리키거나 손을 뻗는 등의 제스처를 사용하고 노래의 메시지를 전달한다.
- 그룹 허그 또는 포옹으로 안무를 마무리하여 우정과 응원의 주제를 강조하는 것을 고려한다.

전반적으로 " Count on Me'는 긍정적이고 경쾌한 곡의 분위기에 맞춰 Scene 3의 인물들 간의 일체감과 응원을 전달하는 것을 목표로 해야 한다.

[그림 1-1-45] 배경음악의 가사와 뮤지컬 장면에 어울리게 안무 제시

이렇게 챗GPT의 도움으로 뮤지컬 제작 수업을 쉽게 할 수 있습니다. AI가 더 발전하면 예술 창작 수업에 진입하는 장벽이 낮아지고, 교사들과 학생들이 부담 없이 도전할 수 있겠다는 기대가 생깁니다.

라. 챗GPT 확장 프로그램

크롬 브라우저에 확장 프로그램(Chrome Extension)이라는 액세서리를 장착하면, 기존에 없던 기능이 뚝딱 생깁니다. 확장 프로그램은 구글 도구를 웹 버전으로 접속했을 때에만 활용할 수 있는 특권으로, 모바일 버전 즉 태블릿 수업에서는 활용이 불가합니다. 챗GPT에 쉽게 접근할 수 있도록 도와주는 확장 프로그램을 알려드리겠습니다. 우선 설치, 실행, 삭제 하는 방법부터 살펴봅시다.

① 크롬 웹스토어[18])에 접속하고, 웹스토어 왼쪽의 검색창에서 확장 프로그램 이름을 검색합니다. 화면 오른쪽에 보이는 확장 프로그램을 선택하고 <kbd>Chrome에 추가</kbd>를 클릭합니다. DeepL이라고 검색해봅시다.

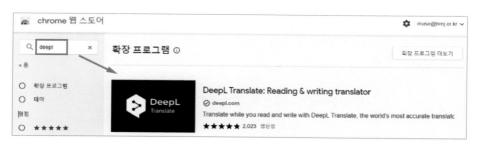

[그림 1-1-46] 크롬 웹스토어에서 확장 프로그램 이름 검색 후 클릭

② 설치가 완료되면 크롬 브라우저 검색창 오른쪽에 검정색 퍼즐 아이콘이 생깁니다. 이곳을 클릭하면 팝업이 생기며, 확장 프로그램을 선택하여 실행할 수 있습니다. 자주 쓰는 확장 프로그램은 팝업에서 압정 아이콘을 클릭해 검색창 오른쪽에 고정시킵니다. 확장 프로그램을 삭제할 때에는 팝업에서 점 3개 – 'Chrome에서 삭제'를 클릭합니다.

---

18) chrome.google.com/webstore

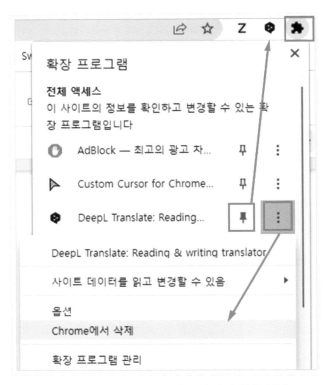

[그림 1-1-47] 확장 프로그램을 고정 및 삭제하는 방법

(1) DeepL Translate: 직관적인 사이트 번역

[그림 1-1-48] 크롬 확장 프로그램 DeepL Translate

　DeepL Translate은 챗GPT를 비롯한 외국어 사이트를 쉽게 번역해서 보여주는 확장 프로그램입니다. 외국어 문장을 드래그하면 화면에 육각형 아이콘이 생기며, 이를 클릭하면 번역 창이 나옵니다.

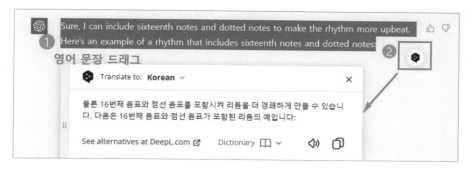

[그림 1-1-49] DeepL Translate을 실행하는 방법

(2) ChatGPT for Google: 구글 검색창에서 챗GPT 답변을 동시에

ChatGPT for Google 확장 프로그램을 실행하면 구글 검색창에서 검색했을 때, 화면 오른쪽에 챗GPT의 답변이 동시에 생성됩니다. 구글 검색 결과와 챗GPT의 답변을 하나의 화면에서 비교하기 편리하지만, 현재는 유료로 이용할 수 있습니다.

[그림 1-1-52] 크롬 확장 프로그램 ChatGPT for Google

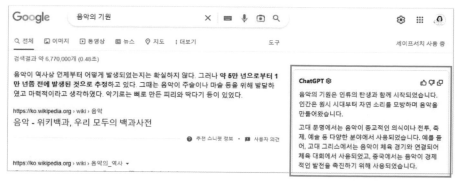

[그림 1-1-53] 구글 화면 오른쪽에서 챗GPT 답변이 동시에 보이는 모습

마. 이미지도 인식하고 더 정교해진 챗GPT-4 등장

챗GPT는 진화를 거듭하여 2023년 상반기에 챗GPT-4가 출시되었고, 현재는 챗GPT 플러스(유료 월20달러 결제) 회원만 쓸 수 있습니다.

[그림 1-1-54] 챗GPT3.5(무료)와 4(유료) 선택 화면

챗GPT-4는 3.5와 비교했을 때 일상적인 대화 수준은 비슷하지만, 답변 내용이 정교해져서 신뢰도가 높습니다. 오픈AI가 공개한 그래프를 보면 챗GPT-4가 미국 SAT와 대학원 및 변호사 시험 문제 등에서 상위 10%에 가까운 점수를 획득한 것을 알 수 있습니다.

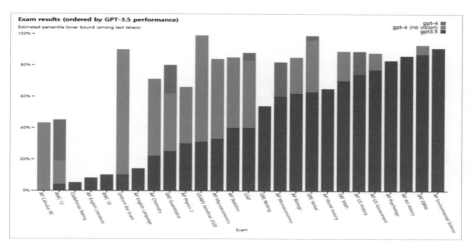

[그림 1-1-55] 챗GPT-3.5와 4의 문제 풀이 능력 백분위 비교(초록색이 챗GPT-4)[19]

챗GPT-4의 가장 큰 특징은 이미지를 인식하고 텍스트로 답변을 출력하는 멀티모달(Multimodal)의 형태라는 점입니다. 프롬프트 입력창에 이미지를 업로드하고, 이미지를 챗GPT-4에게 보여주며 질문하면 이미지와 관련한 답이 나옵니다. 애국가 악보를 업로드하고 곡을 분석하라고 요청하니, 조성과 박자 등을 정확하게 답합니다.

19) openai.com/research/gpt-4

 이 악보를 분석해줘. 조성, 박자, 리듬의 특징 등을 비롯하여 중학교 1학년 학생이 이해하기 쉬운 수준으로 곡에 대해 설명해.

물론이죠! 이 악보를 중학교 1학년 학생이 이해하기 쉽게 분석해 드리겠습니다.

1. **조성**: 이 곡은 'G장조'로 쓰여져 있습니다. G장조는 G라는 음을 기본으로 하는 음계에서 나오는 조성인데요, G장조의 특징은 F#(파 샤프) 한 개가 포함되어 있다는 점입니다. 이를 악보에서 맨 왼쪽에 위치한 '#' 기호를 통해 확인할 수 있습니다.
2. **박자**: 악보의 맨 위에 있는 숫자 '4/4'는 4분의 4박자를 나타냅니다. 이는 한 마디에 4개의 4분음표가 들어간다는 의미입니다. 즉, 한 마디에 네 번의 박을 치게 됩니다.

[그림 1-1-56] 챗GPT-4가 애국가 악보를 인식하고 조성, 박자를 분석

챗GPT-4에 악기 사진을 업로드하여 해당 악기로 연주 가능한 곡을 추천받거나, 피카소의 <세 악사>처럼 음악에 관한 그림을 업로드하고 이 시대의 음악사에 관해 질의응답을 하는 활동도 가능합니다. 챗GPT-4의 이미지 인식 기능은 음악 이론 수업을 쉽게 만들 수 있습니다.

아이바: AI 작곡 사이트

아이바(AIVA)는 룩셈부르크의 아이바 테크놀로지가 개발한 인공지능 작곡 사이트입니다. Artificial Intelligence(인공지능) Virtual Artist(가상예술)라는 뜻으로 선율을 입력하면 클래식, 재즈 등 다양한 음악 장르로 편곡해줍니다. 아이바는 프랑스의 음악저작권협회(SACEM)가 인정한 최초의 가상 아티스트입니다.[20] 아이바가 작곡한 음악은 이미 영화, 게임, 광고 등에서 널리 사용되고 있습니다.

[그림 1-2-1] AI 작곡 사이트 아이바 메인 화면

아이바는 바흐, 베토벤, 모차르트 등 유명 작곡가의 작품 6만 여개를 분석해 음악이론을 학습했습니다.[21] 기존 곡에서 작곡가의 특징이나 음 분석 등을 진행하여 음악의 규칙성을 찾고, 아이바만의 음악 이론을 정립했습니다. 작곡 방법을 배울 때 정답을 모르는 채로 맞힐 때마다 보상을 받는 강화 학습으로 훈련했으며, 작곡 과정에서 스스로 수정해서 발전시킬 수 있는 딥러닝이 적용되었습니다.[22]

인공지능(AI)은 음악을 숫자로 인식합니다. 피아노 건반을 C1, D2 등의 숫자로 매

---

20) "AI, 작곡의 미래가 되다", <AI타임스>, 2019.04.08.,
    www.aitimes.com/news/articleView.html?idxno=46816(접속일자: 2023.02.24.).
21) 오희숙·이돈응·안창욱 외, <음악에서의 AI와 포스트휴머니즘 미학>(모노폴리, 2022), 93쪽.
22) "[오민용의 인공지능] 3. AIVA와 BTS 음악 비교를 통한 AI 음악 지능의 창조성", <스마투스 경제신문>,
    2022.03.08., www.sbr.ai/news/articleView.html?idxno=1125(접속일자: 2023.02.23.).

핑(Mapping)한 후에 음계, 화성법 등을 컴퓨터에 숫자로 변환하여 입력합니다. 이후에 문제를 해결하는 절차인 알고리즘에 의해 창작을 진행합니다. 알고리즘 구성에 사용되는 방법 중에 인간의 뇌를 모방한 인공신경망을 활용하는 접근법이 있는데, 이 중에서 아이바에 적용된 딥러닝은 창작에 필요한 데이터를 스스로 찾아서 결과물을 생성합니다.[23]

가. 아이바 가입하기

① 크롬 브라우저로 아이바[24]에 접속합니다. 아이바는 컴퓨터와 크롬북을 활용하여 크롬 브라우저를 통해 접속했을 때 가장 편리합니다.

② Continue with Google을 클릭해서 구글 계정으로 간편 로그인을 합니다.

[그림 1-2-2] 아이바에서 구글 간편 로그인하기

---

23) 심영섭, <국악에 기술 한 방울>(동락, 2022), 102~104쪽.
24) aiva.ai

만약 모바일 기기로 접속했다면 크롬 브라우저 오른쪽의 점 3개(⋮)에서 데스크톱 사이트를 체크해서 컴퓨터 화면처럼 만들고 아이바에 접속합니다. 이렇게 해야 모바일 화면에서 보이지 않던 메뉴가 나타납니다. 이는 아이바뿐만 아니라 대부분의 에듀테크 도구에 모바일로 접속했을 때 오류가 생기면 대처하는 방법입니다.

[그림 1-2-3] 모바일에서 크롬 브라우저 - 점 3개 - 데스크톱 사이트 체크하는 법

나. 아이바 메뉴 설명

가입에 성공하면 아이바 화면의 왼쪽에서 메뉴를 볼 수 있습니다.

아이바 메뉴

① Home: AIVA 메인 화면
② Editor: 음원 편집
③ Style Designer: AI 작곡에 활용되는 곡 샘플을 만들어서 제출
④ Achievements: 아이바에서 활동한 내역으로 보상 점수 획득
⑤ Radio: 다양한 장르의 음악 감상
⑥ Billing: 요금제 설명
⑦ Updates: AIVA 업데이트 내역
⑧ Community: 사용자 동호회
⑨ Tutorials: 아이바 사용법 설명
⑩ Download App: Editor에서 편집한 음원 확인하는 앱 다운로드

[그림 1-2-4] 아이바 메뉴

[QR 1-2-1] 아이바 가입 방법 및 메뉴 설명하는 영상[25]

---

25) bit.ly/아이바가입

(1) Home

아이바에서 작업한 목록을 보는 곳입니다. 화면 왼쪽의 아이바 아이콘을 클릭해도 Home으로 진입 가능합니다.

[그림 1-2-5] Home

(2) Editor

음원의 속도, 화음, 베이스, 음향 효과 등을 편집하고 믹싱할 수 있습니다. 컴퓨터에서는 앱을 다운받은 후에 수정한 음원을 감상할 수 있으며, 크롬북에는 앱을 설치할 수 없으므로 수정한 음원은 감상이 불가합니다.

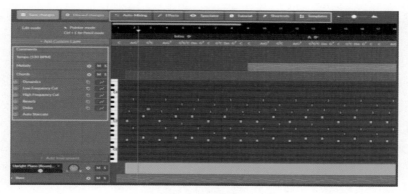

[그림 1-2-6] Editor

(3) Style Designer

아이바에서는 미리 만들어진 곡 샘플을 선택하면 그와 유사하게 AI 편곡을 해주는데, 그 샘플곡을 이용자들이 만들 수 있습니다. 메뉴 중 Style Designer를 클릭하고, 화면 오른쪽의 Create – Styles를 클릭합니다.

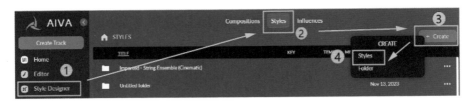

[그림 1-2-7] Styles 진입 경로

곡의 분위기를 선택하고 곡과 관련된 음악적 설정(템포, 코드, 박자 등)을 입력합니다. 입력을 마치고 화면 오른쪽 위의 Publish to the Library 아이콘(🔊)을 클릭합니다. 아이바가 자체 검토 후에, 수준이 높은 음원은 대중에게 작곡 샘플 음원으로 공개합니다.

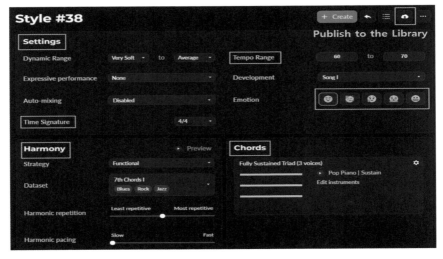

[그림 1-2-8] Style 설정

(4) Achievements

아이바에서 열심히 활동하면 보상 점수를 줍니다. 아이바에서 창작을 100곡 기준으로 몇 개까지 했는지, 음원 편집은 몇 시간 했는지 등의 활동 내역이 점수로 나옵니다. 보상 점수가 높으면 보상 서비스가 지원됩니다. 예를 들어 무료 요금제에서는 월 3회만 음원 다운로드가 무료인데, 보상 점수가 높으면 월 6회 무료 다운로드가 가능해집니다.

[그림 1-2-9] Achievements

(5) Radio

다양한 장르의 음악을 감상하는 곳으로, 진짜 생중계 되는 라디오는 아닙니다.

[그림 1-2-10] Radio

(6) Billing

아이바의 요금제는 총 3종류이며, 유료 요금제는 유로(€)로 결제를 합니다. 월간 지불하는 요금은 표준은 2만 원대, 프로는 6만 6,000원대입니다. 이해를 돕기 위해 Billing 페이지를 번역했습니다(크롬 브라우저에서 마우스 우클릭 – 한국어로 번역).

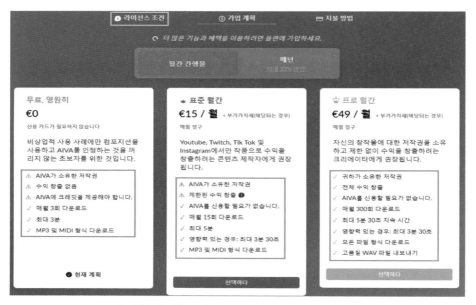

[그림 1-2-11] 아이바 메뉴 중 Billing의 요금제 설명

아이바에 처음 가입하면 무료 요금제로 시작하며, 창작한 음악을 비영리적으로 사용할 수 있습니다. 최대 3분짜리 작곡, 월 3곡 다운이 가능합니다. 이 정도 조건이면 아이바를 수업에서 부담 없이 활용할 수 있습니다.

아이바가 창작한 음악은 프로 요금제에서만 저작권을 받을 수 있습니다. 무료와 표준 요금제에서는 아무리 열심히 창작해도 아이바가 저작권을 가져갑니다. 라이선스에 대해 더 자세히 알아보려면 Billing 페이지 왼쪽에 있는 라이선스 조건(Terms of License)를 클릭해서 아이바 헬프데스크 사이트로 넘어갑니다. 무료 요금제에서 아이바로 창작한 음악을 유튜브에 업로드할 때에는 동영상 설명에 '아이바가 작곡한 사운드 트랙: http://www.aiva.ai'라고 명시하라고 나옵니다.

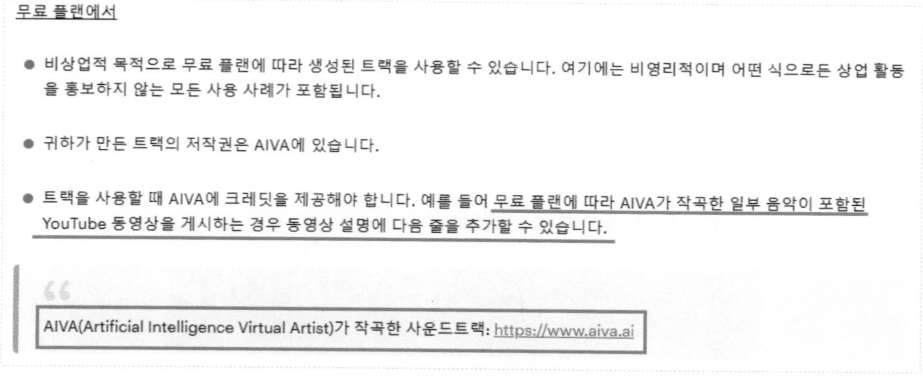

무료 플랜에서

● 비상업적 목적으로 무료 플랜에 따라 생성된 트랙을 사용할 수 있습니다. 여기에는 비영리적이며 어떤 식으로든 상업 활동을 홍보하지 않는 모든 사용 사례가 포함됩니다.

● 귀하가 만든 트랙의 저작권은 AIVA에 있습니다.

● 트랙을 사용할 때 AIVA에 크레딧을 제공해야 합니다. 예를 들어 <u>무료 플랜에 따라 AIVA가 작곡한 일부 음악이 포함된 YouTube 동영상을 게시하는 경우 동영상 설명에 다음 줄을 추가할 수 있습니다.</u>

" AIVA(Artificial Intelligence Virtual Artist)가 작곡한 사운드트랙: https://www.aiva.ai

[그림 1-2-12] 아이바 무료 요금제 참고 사항(26)

(7) Updates

아이바의 업데이트 내역을 확인하는 곳입니다. 새로 추가된 음원 샘플이나 오류 개선 사항 등이 나옵니다.

(8) Community

아이바 사용자들이 모여서 정보를 공유하는 일종의 동호회로, 디스코드(Discord) 기반으로 운영됩니다.

(9) Tutorials

아이바 사용법을 유튜브 영상으로 제공하며, 영어 자막을 켜서 볼 수 있습니다. 가이드라인은 영어 문장으로 보이며, 크롬 브라우저에서 번역이 가능합니다.

---

26) bit.ly/아이바무료요금제

(10) Download App

아이바의 Editor에서 편집한 음원은 앱을 다운로드받은 후에만 들을 수 있습니다. 데스크톱 전용이므로 크롬북, 모바일에서는 설치할 수 없습니다.

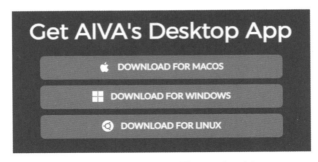

[그림 1-2-13] 아이바 메뉴 중 Download App

다. Styles: 음악에 어울리는 이미지 공유하기

첫 창작을 해봅시다. 아이바에서 가장 쉽고 기본적으로 AI 창작을 체험하는 메뉴는 Styles입니다. 아이바 메인 화면의 Create Track - From a Style을 클릭해서 창작합니다. 참고로 아래 이미지에서 Chord progression 메뉴는 Styles처럼 음악 장르를 선택하되, 화음 진행을 기반으로 작곡할 수 있습니다.

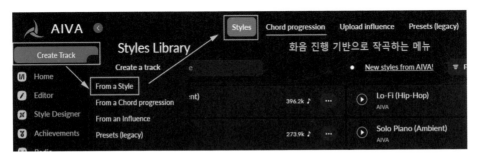

[그림 1-2-14] Create Track - Styles에 진입하는 경로

1) Styles에서 창작하는 방법

① Styles에 진입하면, Styles Library라는 문구가 보입니다. 라이브러리, 즉 도서관에 책이 있듯이 샘플 음원들이 모여 있는 곳입니다. 음원 옆의 재생 아이콘을 클릭해서 미리듣기를 하고, 마음에 드는 음원에 마우스를 올립니다. Create라는 아이콘이 생기면 클릭합니다.

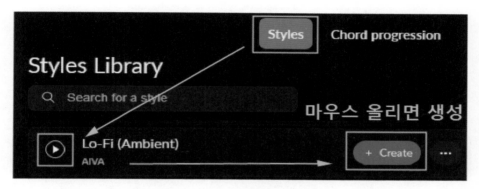

[그림 1-2-15] Styles Library에서 음원 미리듣기, Create 클릭하는 법

② 팝업이 뜨면 조표, 곡의 길이, 작품의 수를 선택합니다. 처음에는 Auto로 설정이 되어 있으며, 이 상태로 창작을 진행해도 되지만 무작위로 작곡이 되는 상황이 되므로, 음악적 조건을 직접 선택하도록 권장합니다. 설정한 이후에 Create tracks를 클릭해서 완료합니다.

- Key Siganature: 장·단조 조표
- Duration: 곡의 길이(무료 버전은 3분 이하만 가능)
- Number of Compositions: 동시에 창작하는 작품 수이며, 5개까지 가능

[표 1-2-1] Styles 창작에서 선택할 수 있는 요소(조표, 길이, 작품 수)

[그림 1-2-16] 조표, 길이, 작품 수를 선택하는 팝업

③ 작품이 완성되면, 아이바 메인 화면에서 보이던 Compositions 메뉴로 자동으로 넘어갑니다. 재생 버튼을 클릭해서 작품을 감상합니다. 기기나 인터넷 속도에 따라 재생 버튼이 늦게 뜰 수도 있습니다.

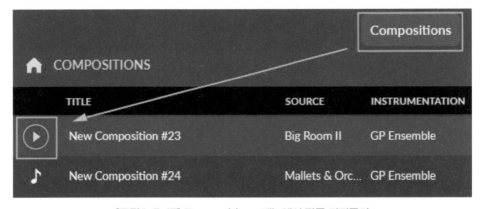

[그림 1-2-17] Compositions 메뉴에서 작품 미리듣기

2) 곡목 변경하는 방법

곡에 어울리도록 제목을 수정하고, 링크를 공유해봅시다. 곡목 오른쪽 끝의 점 3개 – Rename을 클릭해서 곡에 어울리게 이름을 수정하고, Done(완료)을 클릭합니다.

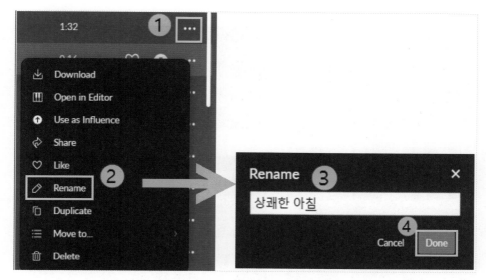

[그림 1-2-18] 아이바에서 창작한 작품 이름 변경하는 경로

모바일에서는 점 3개가 보이지 않습니다. 크롬 브라우저 오른쪽의 점 3개 클릭 – 데스크톱 사이트 보기를 클릭합니다.[27] 화면이 작아지면서 아이바 점 3개 아이콘이 보일 겁니다. 이 경우, 아이폰에서는 화면이 까맣게 됩니다. 창을 껐다가 다시 아이바에 접속하면 해결됩니다.

3) 작품 공유하는 방법

작품 옆의 점 3개를 다시 클릭하고, Share(공유)를 클릭합니다. 공유 팝업에서 Enable을 클릭해서 링크 공유가 가능하게 설정하고 주소를 복사해서 공유합니다.

---

27) 데스크톱 사이트 설정 예시는 281쪽 참조.

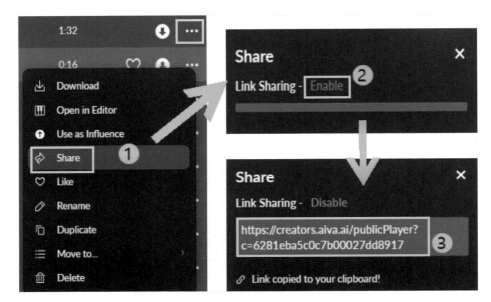

[그림 1-2-19] 아이바에서 창작한 작품 공유하는 경로

4) 음악에 어울리는 제목 변경 + 이미지 검색해서 공유하기

Styles에서 창작한 음악의 제목을 변경한 후에, 음악과 어울리는 이미지를 찾아서 패들렛에 공유합니다. 음악과 이미지가 어떤 이유로 어울린다고 생각하는지 이유도 씁니다.

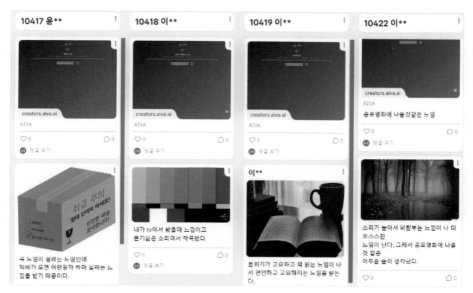

[그림 1-2-20] 음악 및 어울리는 이미지를 패들렛에 발표

[QR 1-2-2] Styles에서 작곡하는
방법 설명서28)(모바일 기준)

[QR 1-2-3] Styles에서 작곡하는
방법 영상29)

28) ior.ad/8oS6
29) bit.ly/작곡1

라. Presets(legacy): 음악 요소를 넣어 작곡하기

이번에는 Presets(legacy)[30] 메뉴에서 장르, 조표, 속도, 악기 편성 등의 음악적 요소를 더 추가해 창작해봅시다. 위의 3가지 메뉴 중에서 가장 수업에 활용하기 좋았습니다. 너무 어렵지도 쉽지도 않은 난이도에 음악 요소를 생각하며 창작할 수 있기 때문입니다. 음악 요소에 대해 이론 수업을 진행한 후에 아이바에서 실음을 들으면 학생들의 이해도가 높아집니다.

1) 독도에 어울리는 음악 작곡하기

10월 25일 독도의 날, 학생들과 독도를 기념하는 특별한 수업을 하고 싶었습니다. 구글 어스[31]로 독도를 살펴보고, 어떤 느낌이 드는지 이야기를 나누었습니다. 학생들이 각각 떠올린 독도의 느낌을 음악으로 표현할 수 있도록, 독도와 어울리는 음악 요소를 선택하여 작곡하는 수업을 진행했습니다.

[그림 1-2-21] 구글 어스에서 살펴본 독도(동도와 서도)

---

30) 이 메뉴는 Style에 편입되어서 아이바 신규 가입자는 볼 수 없습니다. 자세한 내용과 아이바에서 장르 선택에 도움을 주는 AI 챗봇은 bit.ly/아이바챗봇 참조.
31) 구글 어스의 자세한 사용법은 215쪽 참조.

[QR 1-2-4] 독도에 어울리는 음악을 Presets(legacy)에서 작곡한 예시[32]

① 아이바 메인 화면의 왼쪽에서 Create Track 아이콘을 클릭하고. 화면 오른쪽에 나온 메뉴 중에서 Preset(legacy)를 클릭합니다.

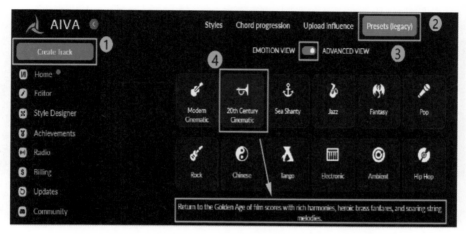

[그림 1-2-22] Presets(legacy) 메뉴 중 ADAVANCED VIEW 화면

② EMOTION VIEW와 ADVANCED VIEW 중에서 선택합니다. 앞의 화면은 ADVANCED VIEW를 선택한 모습입니다. 각 장르 아래에 있는 Preview를 클릭하여 음악을 미리듣기 할 수 있습니다. 제시된 음악 장르 위에 마우스를 올리면 음악에 대한 설명도 나옵니다. 크롬 브라우저에서 마우스 우클릭하면 '한국어로 번역'도 가능합니다.

> 풍부한 하모니, 영웅적인 브라스 팡파르, 치솟는 현악기 멜로디로 영화 음악의 황금기로 돌아갑니다.

[그림 1-2-23] 한국어로 번역한 20th Century Cinematic 설명

---

32) bit.ly/독도음악

③ 독도의 이미지에 어울리는 음악 장르를 선택합니다. 저는 독도가 동해 끝자락을 지키는 모습이 당당하고 자랑스럽게 느껴집니다. 에너지가 느껴지는 금관 악기의 음색을 넣고 싶어서, 20th Centrury Cinematic를 선택했습니다.

④ 음악 요소를 선택하는 화면이 나옵니다. 독도의 이미지를 상상하며 다음과 같이 음악 요소를 입력했습니다. 타악기와 속도 변화도 포함하도록 체크하고, Create your track을 클릭합니다.

[그림 1-2-24] 20th Century Cinematic에서 음악 요소를 선택하는 화면

① BACKING TRACK /SONG: 노래를 포함할지 선택하는 곳입니다. SONG(with MELODY)를 선택하면 목소리가 포함됩니다. 홀로 있는 독도가 외롭지 않도록, 옆에서 노래를 들려주고 싶은 마음에 SONG을 선택했습니다.

② KEY SIGNATURE(조표): F Major를 선택했습니다. 독도의 당당한 모습이 잘 나타나도록 장조 음악으로 작곡하고 싶었습니다.

③ TIME SIGNATURE(박자): 4/4박자로 선택했습니다.

④ PACING(속도): 이 장르는 속도가 자동으로 정해져 있습니다.

⑤ INSTRUMENTATION(악기 편성): Symphonic Orchestra를 선택했습니다. 오케스트라 편성으로 화려하고 웅장하게 독도를 표현하고 싶었습니다. 오케스트라에 대한 이론 및 감상 수업을 병행하면 더 좋습니다.

⑥ DURATION(길이): 짧고 굵게 30초 이하로 선택했습니다. 참고로 무료 요금제에서는 최대 3분까지 작곡이 가능합니다.

⑦ #OF COMPOSITIONS(작곡 수): 1곡만 선택했습니다. 최대 5곡을 동시에 작곡할 수 있으나, 아이바가 작곡하는 속도가 느려지기도 합니다.

[표 1-2-2] 독도에 어울리게 음악 요소를 선택한 이유

이렇게 독도를 주제로 음악을 만들면서 사회과와 융합수업으로 확장하고, 작곡에 필요한 음악 요소를 자연스럽게 알려줄 수 있습니다.

[QR 1-2-5] Presets(legacy)로 창작하는 방법 설명서(모바일 기준)[33]

[QR 1-2-6] Presets(legacy)에서 작곡하는 방법 영상[34]

---

33) ior.ad/8oT3
34) bit.ly/작곡2

2) 소설 오디오북 배경음악 만들기(융합)

국어 교과서에 실린 <자전거 도둑> 소설을 오디오북으로 만들면서 국어와 융합 수업을 진행했습니다. Preset(legacy)에서 소설 장면에 어울리는 음악 요소를 선택하여 배경음악을 창작했습니다.

① 학생들에게 소설 문장을 일정 분량씩 나누어 주고, 각자 맡은 문장을 깊이 있게 읽도록 했습니다. 소설이 상당히 길어서 다음과 같이 할당량을 정하고, 소설의 분위기를 파악할 때 도움이 될 수 있는 구간을 빨갛게 표시했습니다.

14

주인 영감님이 심심할 때 사 본 주간지 같은 것이 굴러다닐 적도 있어서 소년다운 호기심이 동하지 않는 것도 아니었지만 "인석은 그저 틈만 있으면 책이라고." 하며 주인 영감님이 가리키는 책이란 결코 이런 주간지 조각이 아닐 것이라는 영리한 짐작으로 수남이는 결코 그런 데 한눈을 파는 법이 없다. 시간이 아까워서라도 그렇게는 할 수 없다.

가게를 닫고 셈을 맞추고 주인댁 식모가 날라 온 저녁을 먹고 나서 혼자가 될 수 있는 시간은 거의 열한 시 경이다. 그때부터 공부라도 해야 되는 것이다. 그러고도 수남이는 이 동네 가게의 누구보다도 먼저 일어나야 하는 것이다. 수남이의 부지런함은 이 근처에서도 평판이 자자했다.

[그림 1-2-25] 소설 <자전거 도둑>의 일부분

② 학생들은 소설의 분위기에 어울리는 음악 요소(조성, 악기 편성, 속도 등)를 선택하여 아이바로 창작했습니다. 음악 요소를 선택한 이유와 함께 패들렛에 공유했습니다. 예를 들어 위의 소설에서는 주인공이 낮에는 일을 하느라 공부하지 못하여 밤늦게 조용히 공부하는 모습에 어울리도록 단조, 피아노 솔로, 느린 속도를 음악 요소로 선택했습니다.

[그림 1-2-26] 소설의 분위기에 어울리게 배경음악을 창작하고 공유

③ 소설에 나오는 문장을 네이버 클로바더빙이나 브루(Vrew)에 입력하여 AI 음성을 생성했습니다. 이를 통해 TTS(Text To Speech) 방식, 즉 문장을 AI 음성으로 변환하는 체험을 할 수 있습니다.

[그림 1-2-27] 브루(Vrew)에서 소설 문장을 AI 음성으로 변환

④ AI 음성과 아이바로 만든 배경음악을 합성해서 오디오북을 제작했습니다. 소설의 문장에 어울리는 화면은 브루에서 검색한 저작권 무료 이미지를 활용했습니다.

[그림 1-2-28] 소설 오디오북 영상 예시

캔바(Canva)[35]를 활용하여 학급 전체가 공동 작업을 하면, 각자 만든 오디오북 클립을 합성하여 긴 형태로도 완성할 수 있습니다.

[그림 1-2-29] 캔바를 활용하여 오디오북을 학급 공동으로 제작하는 화면

---

35) canva.com 캔바의 자세한 활용법은 168쪽 참조.

[QR 1-2-7] 소설 오디오북 영상 예시[36]

3) 스마트폰 벨소리 만들기

벨소리 콘셉트에 맞게 음악 요소를 넣어서 창작하고, 음원을 다운로드하여 스마트폰 벨소리로 만드는 수업을 했습니다. 아이바는 무료 계정에서는 월 3개까지 다운로드됩니다.

예를 들어 편안하게 전화 받고 싶은 마음을 담아서 피아노 독주로 연주하는 재즈를 음악 요소로 선택한 사례입니다. 어떤 학생은 학원 시간용 알람을 창작했는데, 학원에 가기 싫은 마음을 담아서 헤비메탈 장르와 어두운 단조 음악을 선택하기도 했습니다.

AIVA

https://creators.aiva.ai/publicPlayer?c=632bc674282c61001d7708c4

내가 이곡을 벨소리로 한 이유는 내가 들으면 편안해지기 때문에 심리적 이유로 전화를 받고싶을것같다.

♡ 0   💬 0

[QR 1-2-8] 아이바로 제작한 벨소리 음원[37]을 패들렛에 공유

---

36) bit.ly/소설오디오북
37) bit.ly/벨소리창작

마. Upload Influence: 미디 파일을 편곡하기

Upload Influence는 음원 파일을 업로드하여 편곡하는 메뉴입니다. 기존에 만든 미디(Midi)나 MP3 음원을 업로드하고 조표를 선택하면 편곡이 됩니다. 유명한 음원 하나를 학급 학생들이 각기 다르게 편곡하여 느낌을 비교해보기도 가능합니다.[38]

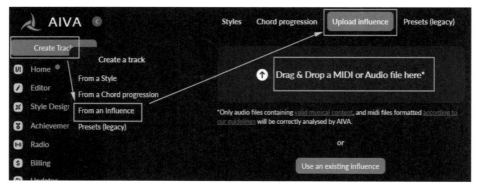

[그림 1-2-30] Create Track- Upload Influence 메뉴에 진입하여 음원 업로드하는 경로

크롬뮤직랩 중 송메이커로 작곡하고[39] 미디 파일로 저장한 뒤에 아이바에서 편곡하는 과정을 설명하겠습니다. 본격적인 작곡을 하기 전에, 아래 3가지 오류 상황을 살펴봅시다. 미디 파일이 아이바가 요구하는 조건을 충족하지 않으면, 업로드 화면에 오류 메시지가 뜹니다.

---

38) 미디 파일 다운받고 편곡하는 방법은 ior.ad/8ug5 참조.
39) 송메이커(musiclab.chromeexperiments.com)에 대한 구체적인 설명은 142쪽 참조.

1) 송메이커 미디 업로드와 관련된 오류 3가지

(1) 음원을 업로드하는 경우, 음원의 길이는 1분 이상(60초)부터 가능합니다.

> Your audio file needs to be at least 60 seconds long

(2) 송메이커의 드럼 라인을 꼭 채워줍니다. 선율 라인만 입력하면 아이바가 단일 트랙으로 인식합니다.

> MIDI files based on a single track will not work.

(3) 8번째 마디 끝에 음이나 비트를 반드시 입력합니다. 곡의 길이가 4/4 기준으로 8마디 이상일 때 아이바에 업로드할 수 있습니다. 만약 8마디를 작곡하고 마디 끝의 음을 생략한다면 8마디로 인식하지 못합니다.

> MIDI file is too short (less than 8 bars in 4/4).

[표 1-2-3] Upload Influences에서 메뉴에서 미디 업로드할 때 나타나는 오류 3가지

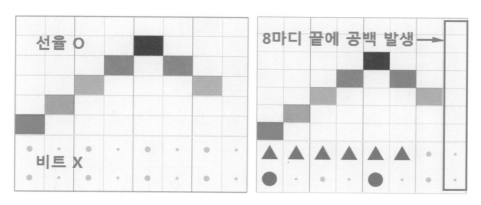

[그림 1-2-31] 좌: 선율만 입력한 경우 / 우: 8마디 끝에 음이나 비트가 없는 경우

2) 송메이커로 작곡 시 유의사항 3가지

송메이커에서 아래 3가지 조건을 고려하여 작곡하면 오류가 나지 않습니다.

① 송메이커에 접속하여 설정 아이콘(⚙ Settings)을 클릭합니다. 설정 화면[40]에서 4/4 박자 기준으로 곡의 길이를 8마디 이상으로 만듭니다.

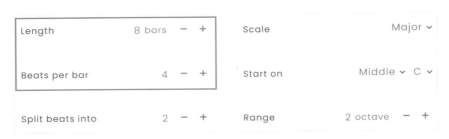

[그림 1-2-32] 송메이커 설정에서 4/4박자, 8마디로 설정한 화면

② 아이바가 8마디 곡으로 인식하도록, 8번째 마디에도 음이나 비트를 넣습니다. 작곡을 완료하고 Save를 클릭합니다.

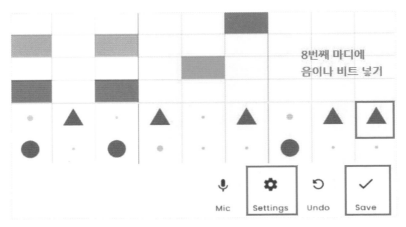

[그림 1-2-33] 송메이커 8번째 마디에 비트를 입력한 화면

---

40) 송메이커 설정 화면에 대한 자세한 해설은 145쪽 참조.

③ Save를 클릭한 이후의 화면에서, DOWNLOAD MIDI를 클릭합니다.

[그림 1-2-34] 송메이커에서 미디 파일 저장하는 방법

3) Upload Influences에 미디 업로드하고 편곡하는 방법

① 송메이커에서 완성한 미디를 활용해서 편곡을 진행합니다. Upload Influences 메뉴에서 Drag&Drop a MIDI를 클릭하여 미디 파일을 업로드하고 곡의 조표를 선택합니다.

② 조성을 모르면 Automatic detection(자동 감지)을 클릭합니다. AI가 곡을 분석하여 80% 확률로 조성을 맞춥니다. 그러나 아이바의 조 판단 결과를 보면 정확률이 더 낮게 느껴집니다. 조표를 선택하고 Done을 클릭합니다.

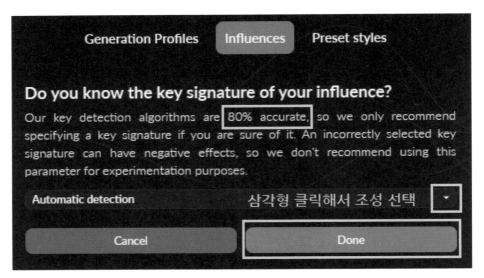

[그림 1-2-35] 음원의 조표를 선택하는 화면

③ 미디 파일이 Influences에 업로드되었습니다. 편곡은 지금부터 본격적으로 시작합니다. 업로드한 파일 오른쪽의 점 3개 아이콘을 클릭하고, New Composition을 클릭합니다.

E Minor	100	4/4	Apr 12, 2022	1:13	⋯
A Minor	120	4/4	Jul 19, 2022		⊕ New Composition
D Major	200	4/4	Jul 29, 2022		▥ Open in Editor
C Major	100	4/4	Jul 29, 2022		⤓ Download MP3
D Minor	200	6/8	Jul 30, 2022		✐ Rename
F Major	160	7/8	Aug 24, 2022		☰ Move to...
					🗑 Delete

[그림 1-2-36] 업로드한 미디를 편곡하는 경로(점 3개 - New Composition)

④ 팝업에서 편곡을 위해 음악 요소를 선택합니다. 원곡의 느낌을 잘 표현할 수 있도록 악기 편성, 조표, 분위기, 속도 등을 선택합니다. Create tracks를 클릭해서 완료합니다.

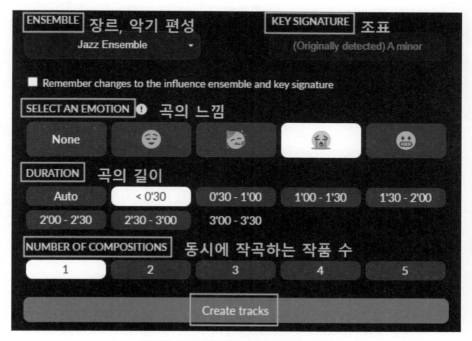

[그림 1-2-37] 음악 요소를 선택하는 팝업

⑤ 편곡이 완료되면, Compositions 메뉴에 자동으로 넘어갑니다. 완성된 작품은 왼쪽의 재생 버튼을 클릭해서 감상하고, 작품 오른쪽의 점 3개를 클릭해서 작품의 제목을 변경합니다. 작품을 공유할 때에는 Share를 클릭합니다.

[그림 1-2-38] Compositions 메뉴에서 완성된 작품 감상, 이름 변경, 공유하는 경로

이렇게 Influences로 편곡한 음원은 원곡과 비슷한 요소가 느껴지면서도 전혀 다른 느낌입니다. 참고로 Influences에서 창작하면 업로드한 파일을 분석해서 새로운 곡으로 창작하기 때문에 소요 시간이 걸립니다. 아무리 시간이 오래 걸려도 나중에 아이바에 접속해보면 곡이 완성되어 있을 겁니다.

[QR 1-2-9] Influences로 창작하는
방법 설명서(모바일 기준)[41]

[QR 1-2-10] Influences로
창작하는 방법 영상[42]

---

41) ior.ad/8pjf
42) bit.ly/작곡3

4) 아이바가 편곡한 음악 + 생성형 AI로 그림 그리기

유치원에 다니는 아들과 창작 체험을 했던 이야기를 소개합니다. 아이바가 편곡하고, 그림을 그려주는 AI 미술 사이트에서 음악에 어울리는 그림을 창작했습니다.

① 아들이 피아노를 손가락 2개로 뚱땅거리는 모습이 신기하여 녹음을 했습니다. 아들이 연주한 생애 첫 작품을 오랫동안 기억하고 싶어서, 1분 이상 녹음한 음원을 아이바의 Upload Influences에 업로드하고 편곡했습니다.

② 아들은 이 곡을 편곡하는 과정에서 아이바의 샘플 음악을 여러 곡 듣더니, Lo-Fi라는 음악 샘플을 마음에 들어 했습니다. 음악 요소를 선택하는 팝업에서 Lo-Fi Ensemble 편성과 편안한 느낌의 이모티콘을 선택했습니다.

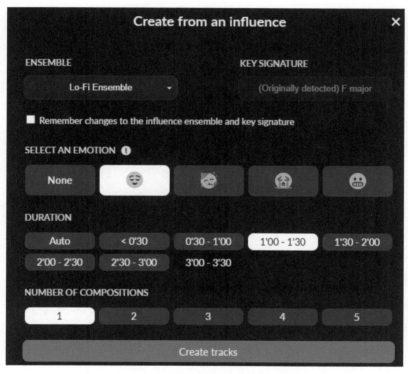

[그림 1-2-39] 아들이 직접 선택한 음악 요소

③ 아이바가 Lo-Fi Ensemble 편성으로 창작한 곡을 감상했습니다. 아들은 완성한 곡에서 깊은 바다가 떠오른다고 하여 <심해>라는 제목을 붙였습니다.

[QR 1-2-11] 아들이 피아노로 친 선율을 아이바로 편곡한 〈심해〉[43]

④ <심해>를 듣고 떠오르는 이미지를 창작하기 위해, 영어로 문장을 입력하면 그림을 그려주는 AI 사이트인 빙 이미지 크리에이터[44]에 접속했습니다. 아들에게 이 음악을 들으면서 상상이 되는 이미지가 무엇인지 물으니 돌고래에 대해서 묘사했습니다.

⑤ '깊은 바다에서 헤엄치는 돌고래'라는 문장을 프롬프트 입력 창에 영어로 입력했습니다. Generate를 클릭하면 AI 그림이 생성됩니다.

[그림 1-2-4미] 이미지를 묘사하는 프롬프트 입력

---

43) bit.ly/아이바
44) bing.com/create

⑥ 멋진 돌고래가 뚝딱 나왔습니다. 이 예시처럼 음악에 어울리는 이미지를 완성할 수도 있고, 반대로 생성형 AI로 이미지를 완성한 뒤에 떠오르는 느낌을 담아 아이바에서 음악을 창작할 수도 있습니다.

[그림 1-2-41] 생성형 AI가 완성한 돌고래 그림

바. AI 창작물 저작권 토론 수업

아이바로 창작 수업을 하고, 마무리 단계에서 AI 창작물 저작권에 대해 이야기를 나누었습니다. 국내 AI 작곡 프로그램 개발자가 AI 작곡에 대한 저작권료를 받지 못하게 되어 논란이 된 영상과, 미국에서 미드저니(MidJourney)라는 AI를 활용하여 그린 그림으로 미술 대회 1등을 했으나 저작권을 받지 못한 수상자의 영상[45]을 보여주며 토론 수업의 문을 열었습니다. 우리나라 저작권법 제2조 1항에 의하면 저작물은 '인간의 사상 또는 감정을 표현한 창작물'이라는 사실도 설명했습니다.

---

45) "[와글와글] AI가 그린 그림이 1위…미국 미술전 우승 갑론을박(2022.09.05/뉴스투데이/MBC)", <유튜브 채널: MBCNEWS>, youtu.be/vcoi4aAJT1E(접속일자: 2023.02.19.).

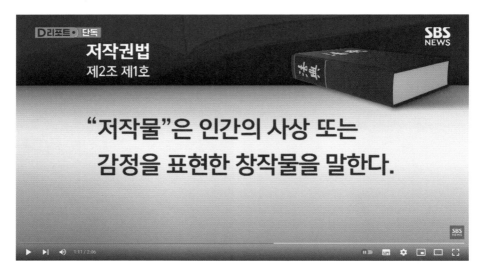

[그림 1-2-42] AI 창작물은 저작료 지급이 안 된다는 뉴스[46]

'저작권은 다음 중 누가 받아야 할까요?'라는 주제로 토론을 진행해보았습니다. 저작권은 AI 작품을 창작한 사람, AI 개발자, AI 그 자체 중에 누가 받아야 할지 선택을 하고 이유를 썼습니다. 모두 해당 없다고 생각하면 기타 의견을 쓰라고 했습니다.

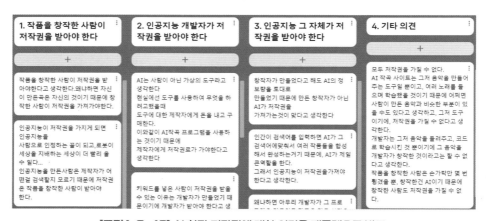

[그림 1-2-43] AI 창작 저작권에 대한 의견을 패들렛으로 발표

---

46) "[단독] AI 창작물, 저작료 못 줘…국내 AI 저작권 갈등 점화 / SBS / #D리포트", <유튜브 채널: SBS 뉴스>, youtu.be/qFgTSDOLQjc(접속일자: 2023.02.19.).

사실 아이바는 프랑스의 음악저작권협회(SACEM)가 인정한 최초의 가상 아티스트이므로, '인공지능 그 자체가 저작권을 받아야 한다'는 주장이 아이바에 해당하는 내용입니다. 그러나 다른 AI 창작 사이트로 생성한 창작물은 여전히 저작권을 받지 못하는 상황이라 이렇게 토론을 진행하여 다양한 의견을 개진해보았습니다. AI 창작물에 대한 저작권 논쟁은 세계적인 이슈이며 아직 명확하게 합의되지 않았습니다. 열린 결말 상태의 저작권 논쟁을 음악 논술 수행평가 주제로 활용하면 학생들이 자유롭게 의견을 표출하는 기회가 되겠다는 생각이 들었습니다.

이제는 AI와 관련된 저작권이 조금씩 인정받을 조짐이 보입니다. 2022년 10월, 미국의 저작권청이 사람과 AI의 협업 만화의 저작권을 처음으로 인정했습니다. 만화의 이야기는 사람이 구상하고, 미드저니(MidJourney)에서 이미지를 묘사하는 문장을 입력하여 만화를 창작한 사례입니다. 다만 저작권은 AI인 미드저니가 아닌, 이야기를 구상한 사람에게 주어졌습니다. AI와 협업으로 창작할 때에는 사람이 자신의 감정이나 생각을 창작 과정에 얼마나 투여했는지가 중요하며, AI를 활용한 음악 교육에서도 이를 최대한 반영해서 지도해야 합니다.

[그림 1-2-44] 사람과 AI가 협업한 만화가 저작권을 인정받은 사례[47]

---

47) "AI가 그려도 저작권 인정...원작자 '예술 기여 넓어져' / SBS", <유튜브 채널: SBS 뉴스>, youtu.be/xCulCbWYVOo(접속일자: 2023.02.19.).

또한 2023년 2월에는 AI에 대한 기본법이 우리나라의 국회 상임위원회 법안소위를 통과했습니다. 과학기술정보통신부가 투자, 인력 양성, 윤리 원칙 등을 포함한 AI 기본 계획을 3년마다 수립하자는 법안이며, 이를 통해 AI가 불러오는 사회의 변화에 대응하자는 취지입니다.[48] 여러분이 이 책을 읽으시는 시점에는 AI와 관련된 새로운 법안이 많이 나왔으리라고 기대해봅니다. AI 저작권 토론을 진행하실 때에는 최신 뉴스를 살펴보시고 토론 준비를 하시기를 바랍니다.

사. 아이바 수업 시 오류 대처법

아이바로 처음 수업했을 때 다음과 같은 2가지 돌발 상황을 경험했습니다. 학생들이 가입 과정에서 승인이 거절되고, 모바일로 작곡했을 때 화면 오류가 나타난 점입니다. 아래 내용을 숙지하시면 학교에서 원활하게 수업하실 수 있습니다.

1) 같은 IP에서 여러 계정 생성이 불가

학급 학생들이 교육청에서 지급한 와이파이를 통해 같은 IP를 가지고 단체로 접속하고, 학교 구글 계정으로 아이바 가입을 하면 다음과 같은 오류 메시지가 나올 수도 있습니다. 아이바가 단체 가입을 못 하도록 차단했기 때문입니다. 이 경우에는 학교나 교육청 계정이 아닌 개인 구글 계정(id@gmail.com)으로 가입해도 오류가 납니다. 이 경우에는 해결 방법이 크게 2가지입니다.

---

48) "AI법, 국회 법안소위 통과…'세계 최초' 인공지능법 생길까[챗GPT 열풍]", <쿠키뉴스>, 2023.02.14., www.kukinews.com/newsView/kuk202302140172(접속일자: 2023.02.24.).

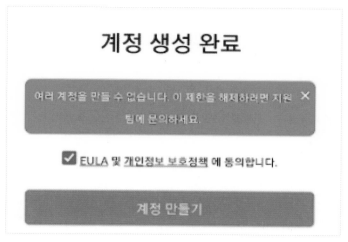

[그림 1-2-45] 학교 와이파이로 아이바에 가입했을 때 발생하는 오류

① 아이바에 가입할 때만 학생의 개인 폰 데이터를 사용합니다. 간단하게 해결할 수 있는 임시방편이지만, 폰 데이터를 사용하기 어려운 학생도 있습니다. 근본적으로는 두 번째 방법으로 해결하시기를 추천합니다.

② 아이바 고객센터에 학교 계정을 알려줍니다. 아이바 화면 오른쪽 아래에 있는 Support Chat 아이콘을 클릭하면 고객센터 담당자와 채팅을 할 수 있습니다. 영어로 써야 하며, 구글 번역기의 도움을 받아서 질문할 수 있습니다.

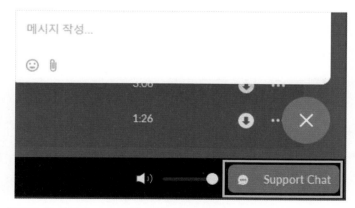

[그림 1-2-46] Support Chat에서 학교 계정을 화이트리스트로 추가 요청

채팅으로 가입할 때 오류가 생긴 이유를 질문하니, 아이바 고객센터에서 아래와 같이 답했습니다. 사용자가 단일 IP에서 여러 계정을 만들면 블랙리스트에 추가되므로, 학교 구글 계정을 고객센터에 알려주면 제한을 해제해준다고 합니다.

안녕하세요! 사용자가 단일 IP에서 여러 계정을 만들 수 없도록 하는 제한 사항이 있습니다(EULA에 위배됨). 그러나 학교 네트워크에 여러 사람이 있는 경우 동일한 IP 주소를 사용할 수 있습니다.

학교 이메일 도메인이 있습니까? 제한을 해제하기 위해 화이트리스트에 추가할 수 있습니다.

[그림 1-2-47] 아이바 고객센터의 답변

혹시 여러분도 저와 같은 오류를 경험하신다면, 아래와 같이 메시지를 쓰고 영어로 번역하여 아이바 고객센터에 보내시면 됩니다. 아이바가 학교 계정을 화이트리스트로 추가해줍니다.

안녕하세요. 한국의 저는 ××학교 교사입니다. 수업 시간에 학생들이 AIVA에 구글 계정으로 가입했는데, 여러 계정을 만들 수 없다는 오류 메시지가 뜹니다. 도와주시면 감사하겠습니다. 학교 구글 계정은 id@×××.or.kr 형태입니다(각 학교 도메인 주소).

[표 1-2-4] 아이바 고객센터에 화이트리스트를 요청하는 문장 예시

2) IOS 모바일에서 나타나는 오류 2가지

모바일(스마트폰, 태블릿)에서도 아이바를 이용할 수 있으나, 화면의 일부분이 보이지 않습니다. 이 경우는 모바일 화면을 웹 버전으로 열어야 하며, 크롬 브라우저 오른쪽의 점 3개 – 데스크톱 사이트를 체크합니다.

아이폰, 아이패드처럼 IOS 모바일에서는 데스크톱 사이트를 체크하면 화면이 까맣게 됩니다. 이 경우에는 뒤로 가기를 클릭해서 아이바에서 나갔다가 다시 아이바에 접속합니다. 또한 아이바로 창작한 작품을 재생했을 때 소리가 안 들리는 경우가 있습니다. 기기에서만 안 들리므로, 작품 주소를 공유해서 컴퓨터로 듣도록 학생들에게 안내합니다.

03 그 외 AI 작곡 도구

AI 작곡을 체험할 수 있는 다른 도구도 소개해드립니다. 아이콘만 클릭하면 미리 준비된 코드, 멜로디를 활용하여 작곡이 금방 됩니다. 마치 밀키트로 쉽게 요리를 하듯, 미리 손질된 음악적 재료를 활용하여 뚝딱 음악을 완성할 수 있습니다.

가. 뮤지아

뮤지아(Musia)[49]는 우리나라에서 개발된 작곡 AI로, 이봄(EvoM)으로도 알려졌습니다. 뮤지아는 계이름과 화성학을 숫자로 인식하고 무작위로 조합한 음들이 화성학에 적합한지 판단하면서 작곡 능력을 스스로 발전시킵니다. 기존의 곡을 대량으로 학습해서 작곡하지 않으므로, 저작권 문제에서 자유롭다고 합니다.[50]

[그림 1-3-1] 작곡 AI 뮤지아가 작곡 이론을 학습하는 과정[51]

---

49) musia.ai
50) 오희숙·이돈응·안창욱 외, <음악에서의 AI와 포스트휴머니즘 미학>(모노폴리, 2022), 94쪽.
51) "AI가 봉빌도 재현 가능? 10초 만에 한 곡 쓰는 AI와 트로트 고인물의 작곡 대결! : AI vs 인간(SBS방송)", <유튜브 채널 달리[SBS 교양 공식채널]>, youtu.be/_KO3WXM-eoI(접속일자: 2023.02.22.).

뮤지아에 접속하여 구글 계정으로 간편 가입을 하고, 이메일에 전송된 코드로 인증을 받은 후에 로그인이 가능합니다. 무료로 사용할 때에는 코드 기능 무제한 이용과 자동 멜로디 생성 30회 등이 가능합니다. 뮤지아는 화성학 수업과 연관시켜서 활용하기 좋은 AI이며, 원(One)과 플러그인(Plugin)으로 기능이 나뉩니다.

뮤지아 원은 웹 기반으로 프로그램 설치 없이 사이트에서 바로 사용이 가능합니다. 내장된 챗GPT가 가사를 생성하고, AI가 조성에 어울리는 코드 및 선율을 자동으로 제시합니다.

[그림 1-3-2] 뮤지아 원 화면

뮤지아 플러그인은 웹 기반이 아니므로 프로그램을 다운받아 설치한 이후에 창작이 가능합니다. 따라서 컴퓨터에서만 작곡할 수 있고, 크롬북과 모바일 기기에서는 사용이 불가합니다. Auto Chord(자동 코드)를 클릭하면 코드 진행이 자동 입력 되고, Auto Melody(자동 멜로디)를 클릭하면 코드에 맞게 선율이 자동으로 입력됩니다.

[그림 1-3-3] 뮤지아 플러그인 화면

나. 사운드로우

사운드로우(SOUNDRAW)[52])는 일본에서 만든 AI 작곡 사이트입니다. 아이바처럼 음악의 분위기, 장르, 테마, 곡의 길이, 악기 편성 등을 직접 설정할 수 있습니다. 설정한 조건에 맞는 음악만 필터링되어 자동 추천되는 점이 특징으로, 음악을 선택하고 Pro mode를 활성화하면 다음과 같이 설정 화면이 나옵니다. 특정 구간의 멜로디를 비활성화하면 음악에서 멜로디가 생략되는 등 미리 준비된 음악에서 속도, 길이, 볼륨, 악기, 조옮김 등을 조절할 수 있습니다. 링크하여 공유는 무료로 할 수 있으며, 음악 다운로드는 유료로 결제한 이후에만 가능합니다.

---

52) soundraw.io

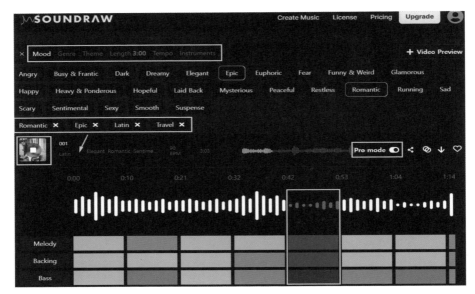

[그림 1-3-4] 사운드로우의 설정 화면

[QR 1-3-1] 사운드로우로 창작한 음악(로맨틱한 라틴 음악)[53]

　지금까지 아이바, 뮤지아, 사운드로우 등의 AI 작곡 도구들을 살펴보았습니다. AI 덕분에 음악 창작까지 걸리는 시간이 확연히 감소된 점이 참 반갑지만, 때로는 음악이 너무 쉽게 완성되어서 교육적 효과가 있겠느냐는 우려가 생길 수도 있습니다.

　이제는 재미와 기능 위주로 하는 AI 작곡 체험을 넘어서, 창작 과정에서 자신의 의도를 최대한으로 반영하여 음악 요소를 선택하는 교육을 시도할 때입니다. 또한 어려운 음악 이론을 AI로 효율적으로 지도할 방법을 연구하여, 학생들이 이론 공부에 진입하는 장벽을 최대한 낮춰주어야 합니다. AI 음악 수업은 최첨단 AI 기술만을 전수하는 게 아니라, 학생들이 음악의 본질에 더 가까이 다가가도록 디딤돌을 놓는 과정이기를 바랍니다.

---

53) bit.ly/사운드로우

04 구글 실험실

구글 실험실(Experiments with Google)은 예술과 기술을 접목하여 실험적인 시도를 하는 사이트입니다.[54] 1,600여 개의 다양한 실험 사이트 중에서 음악 수업에서 활용하기 좋은 AI 도구들을 소개합니다. 실험실에 있는 사이트 중 화면 왼쪽에 A.I. Experiment라는 인증 아이콘이 보이면 AI 도구입니다.

[그림 1-4-1] 구글 실험실 중 AI 도구에만 붙는 인증 아이콘

구글 실험실 사이트의 메뉴 중에 Collections를 클릭하면 실험실 사이트가 다양하게 분류되어 있습니다. 책에서 소개하는 AI 도구 이름을 구글 실험실의 검색창 또는 구글 검색창에서 입력하여 입장할 수 있습니다.

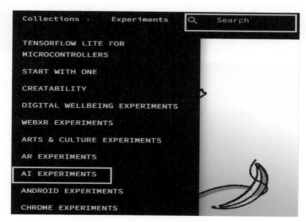

[그림 1-4-2] 다양한 유형의 구글 실험실

---

54) experiments.withgoogle.com

가. 시잉 뮤직: 소리를 '보면서' 자는 학생 깨우기

소리를 본 적이 있으신가요? 시잉 뮤직(Seeing Music)[55]은 소리를 시각화한 AI 프로그램으로 소리의 3요소(셈여림, 높낮이, 음색)와 악상기호 등을 다양한 형태로 보여줍니다. 시잉 뮤직개발자 Jay Alan Zimmerman은 20대 초반에 뉴욕 브로드웨이에서 음악을 공부하다가 청력을 상실하고 있음을 알게 되었다고 합니다. 그럼에도 불구하고 활발하게 음악 활동을 하고,[56] 구글과 공동으로 시잉 뮤직을 개발했습니다.

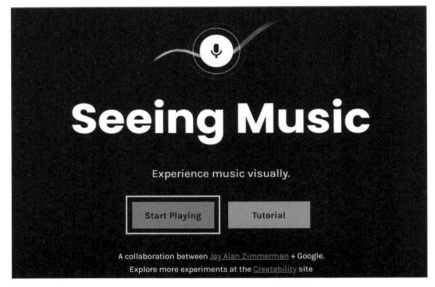

[그림 1-4-3] Seeing Music 메인 화면

시잉 뮤직은 소리의 파형이 보이므로 과학 교과와 융합수업 할 때에 유용하며, 장애 인식 개선 교육의 일환으로 배리어프리(Barrier-free)의 개념을 설명하는 데 도움이 됩니다.

---

55) creatability.withgoogle.com/seeing-music
56) "A Deaf Composer Holds Out for Science: Only Human.", <WNYC STUDIOS>,
    www.wnycstudios.org/podcasts/onlyhuman/episodes/deaf-composer(접속일자: 2023.02.09.).

1) 메뉴 소개

Seeing Music 첫 화면에서 Start Playing을 클릭하여 메뉴의 기능을 살펴봅시다. 소리는 마이크를 활성화하면서 볼 수 있습니다. 화면 왼쪽에 Microphone(마이크)을 켜고, 마이크 권한을 허용합니다. 메뉴는 크게 Basic Mode(베이식 모드)와 Piano Mode(피아노 모드)로 나뉘며, 이 책에서는 Basic Mode만 소개합니다.

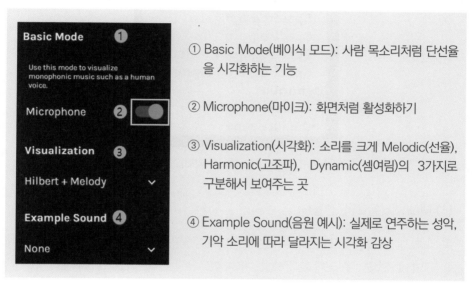

① Basic Mode(베이식 모드): 사람 목소리처럼 단선율을 시각화하는 기능

② Microphone(마이크): 화면처럼 활성화하기

③ Visualization(시각화): 소리를 크게 Melodic(선율), Harmonic(고조파), Dynamic(셈여림)의 3가지로 구분해서 보여주는 곳

④ Example Sound(음원 예시): 실제로 연주하는 성악, 기악 소리에 따라 달라지는 시각화 감상

[그림 1-4-4] Seeing Music의 Basic Mode 메뉴

Visualization(시각화)에서 소리를 9개의 방식으로 볼 수 있습니다. 음악 한 곡을 재생하는 동안 이 메뉴를 모두 클릭하면 선율이 어떻게 표현되는지 비교해서 보여주기 좋습니다.

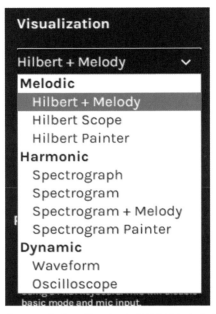

[그림 1-4-5] Visualization(시각화)의 9가지 메뉴

(1) Melodic(멜로딕, 선율)

음의 느낌을 직관적으로 보여주는 곳입니다. 공명이 잘되는 목소리나 풍부하게 울리는 악기 소리는 둥글게 표현하고, 거친 소음은 뾰족하게 표현합니다.

① Hilbert+Melody, Hilbert Painter: 음의 높낮이가 위, 아래 및 무지개색으로 표현되고 소리의 셈여림에 따라 크기가 달라집니다. 모차르트의 오페라 마술피리 중 <지옥의 복수심이 내 마음에 끓어오르고> 아리아처럼 음의 도약이 심하면서 셈여림이 극적으로 표현되는 음악을 들려주면 모양이 확실하게 나옵니다.

[그림 1-4-6] Hilbert+Melody

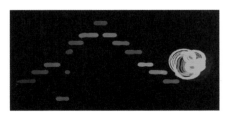

[그림 1-4-7] Hilbert Painter

② Hilbert Scope: 선율이 점, 선, 면으로만 표현되며 셈여림에 따라 크기도 달라집니다. 센 소리일수록 진폭이 커집니다. 공명이 잘 이루어질수록 둥글게 표현되고, 부딪히고 잡음이 들릴수록 뾰족하게 나타납니다. 아래 화면처럼 장구, 판소리 북과 같은 타악기와 연필을 책상에 두드릴 때의 모양이 다릅니다.

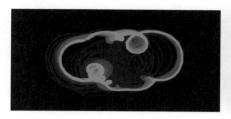

[그림 1-4-8] 공명이 잘되는 소리　　　　[그림 1-4-9] 잡음이나 부딪히는 소리

(2) Harmonic(하모닉, 고조파)

소리의 파동을 시각화해서 파악하는 Spectrogram(스펙트로그램)이 있습니다. 시간의 변화에 따른 진폭 차이를 농도 차이로 표현했으며, 연주되는 소리는 붉은 부분으로 표현됩니다. 아래 화면은 Spectrograph(스펙트로그래프)이며 소리의 높낮이와 음의 크기가 잘 나타납니다. 과학 수업에서 응용하기에도 좋은 도구입니다.

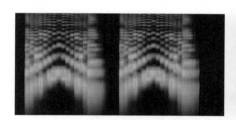

[그림 1-4-10] Spectrograph에서 소리의 높낮이, 음의 크기 시각화

(3) Dynamic(다이내믹, 셈여림)

소리의 강약에 따라 달라지는 파동을 보여줍니다. 센 소리에서는 폭을 넓게, 여린 소리에서는 폭을 적게 표현합니다. Waveform에서는 소리가 이어지고 끊어지는 부

분이 직관적으로 보입니다. 덩어리 형태는 레가토, 뚝뚝 끊긴 부분은 스타카토 구간으로, 파형으로 악상 기호를 확인하기에 좋습니다. Oscilloscope에서는 둥근 느낌의 소리는 부드러운 곡선으로, 거친 소리는 뾰족하게 표현됩니다.

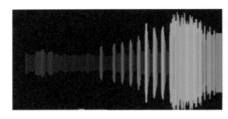

[그림 1-4-11] Waveform

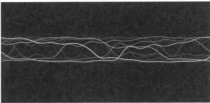

[그림 1-4-12] Oscilloscope

감상 수업을 할 때 음원만 재생하면 학생들이 지루해하고, 영상을 재생하면 음악보다는 연주자의 자태나 화려한 무대 장치에 시선을 둘 때가 있습니다. 시잉 뮤직은 음악의 본질을 눈으로 확인하며 감상할 수 있어 음악에 더 몰입하게 만듭니다.

2) 발성 연습에서 활용하기

성악 발성을 할 때에는 하품하듯이 입을 크게 벌리고, 공명이 잘되게 소리를 내라고 합니다. 정말 이렇게 발성을 하고 있는지 확인할 방법이 생겼습니다. 시잉 뮤직의 Hilbert Scope를 활용하면, 공명이 잘되는 발성을 할 때 아래 화면처럼 예쁘게 모양이 잡힙니다.

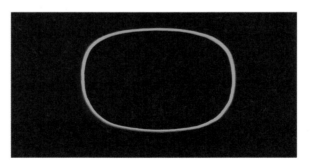

[그림 1-4-13] Hilbert Scope에서 공명이 잘되는 발성 시각화

3) 스트레스 해소하는 시간, 모두 소리 질러!

월요일 첫 시간, 금요일 마지막 시간의 학생들은 어떠한 모습인가요? 제가 만나는 중1 학생들은 잠이 덜 깨고 피곤하여 몽롱해 보입니다. 이 학생들을 단번에 깨워서 집중시키는 방법이 있습니다. 저는 학생들이 졸리는 기색을 보이면 시잉 뮤직의 Hilbert Scope 메뉴에 접속합니다. 학생들은 신나게 소리 지르며 아래와 같은 파형을 만들어냅니다. 교실에 '돌고래 소리'와 같은 고음을 내는 학생이 있다면 화면에 하얗게 표시됩니다. 이렇게 스트레스를 풀고 나면 학생들의 잠이 달아나고, 수업에 집중도 더 잘합니다.

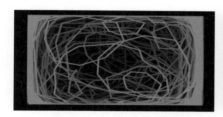

[그림 1-4-14] Hilbert Scope에서 고음의 괴성을 시각화

4) 파형으로 대금과 거문고 음색 구별하기

같은 곡을 다른 사람, 다른 악기로 연주하면 음색이 달라집니다. 아래 화면은 '아리랑 아리랑 아라리요~'로 시작하는 <경기 아리랑>을 국악기 중 관악기인 대금과 현악기인 거문고로 연주한 모습입니다. 무엇이 '대금'으로 연주한 모습일까요?

1번   2번

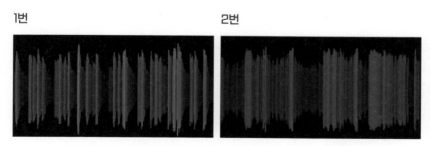

[그림 1-4-15] 아리랑을 두 종류의 국악기로 연주했을 때 파형 비교

답은 2번입니다. 대금은 레가토처럼 선율이 이어지는 구간이 많고, 거문고는 술대를 이용하여 현을 내려치며 연주하니 끊기는 구간이 많습니다. 국악기에 대해 수업할 때 시잉 뮤직의 Waveform을 이용하면 악기의 음색과 연주 기법을 설명하기 편리합니다.

먼저 구글 아트 앤 컬처[57]에서 대금과 거문고를 비롯한 국악기 사진을 살펴보고, 유튜브에서 악기 연주 영상을 감상하는 수업을 진행합니다. 악기의 구조와 연주법을 확실히 배우고 나면 시잉 뮤직으로 연주 파형만 봐도 퀴즈를 맞힐 수 있습니다.

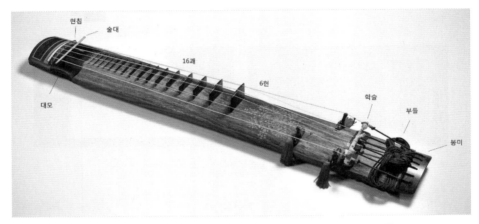

[그림 1-4-16] 구글 아트 앤 컬처로 살펴본 거문고 및 악기 구조[58]

5) 파형을 보며 <수제천>의 연음 형식 이해하기

<수제천>은 조선 시대에 왕의 행차 때 연주하던 궁중 음악이며 초·중·고 음악 교과서에 모두 수록되었을 만큼 중요한 감상곡으로 꼽힙니다. <수제천>에는 주선율을 연주하는 피리가 장단 끝에서 잠시 쉬는 동안, 대금과 해금 등의 악기만 이어서 연주하는 구간이 있습니다.[59] 이를 연음 형식이라고 하는데, 시잉 뮤직을 활용하면 <수제천>의 중요한 감상 포인트인 연음 형식을 보면서 즐길 수 있습니다.

---

57) artsandculture.google.com
58) bit.ly/거문고
59) 김영운, <국악개론>(음악세계, 2022), 170쪽.

[그림 1-4-17] 피리가 연주를 쉬는 〈수제천〉의 연음 형식[60]

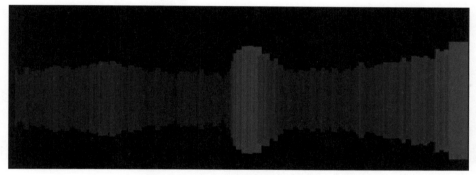

[그림 1-4-18] Waveform으로 확인하는 〈수제천〉의 연음 형식

[QR 1-4-1] 시잉 뮤직 수업 활용법 영상[61]

---

60) 영상에서 40~50초 구간에 연음 형식이 나옵니다. "국립국악원 추천 음악 – 듣는 모든 이에게 하늘처럼 영
원한 생명이 깃들기를. '수제천'", <유튜브 채널: 국립국악원[National Gugak Center]>, <bit.ly/수제천>
(접속일자: 2023.02.05).
61) bit.ly/시잉뮤직

나. 티처블 머신: 학생들이 만드는 음악 머신러닝

티처블 머신(Teachable Machine)[62]은 구글에서 개발한 교육용 머신러닝(지도학습) 프로그램으로, 누구나 머신러닝 모델을 쉽고 빠르게 만들 수 있게 제작되었습니다. 웹 앱 형식이므로 기기에 설치 없이 크롬 브라우저로만 접속합니다.

[그림 1-4-19] 티처블 머신 메인 화면

티처블 머신에서는 이미지, 오디오, 포즈 데이터를 활용하여 데이터를 분류하는 머신러닝을 제작할 수 있습니다. 데이터를 모으고, 기계에게 데이터를 학습시킨 뒤에 출력하면 머신러닝 모델이 완성됩니다. 학생들이 음악에 대한 데이터를 수집하여 머신러닝 모델을 개발했던 사례를 살펴봅시다.

[그림 1-4-20] 티처블 머신의 이미지, 오디오, 포즈 프로젝트

---

62) teachablemachine.withgoogle.com

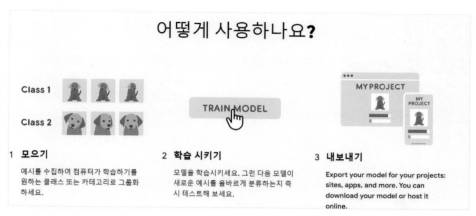

[그림 1-4-21] 티처블 머신 사용법

1) 이미지 프로젝트: 협업으로 악기 판별기 제작하기

이미지 프로젝트에서는 이미지 데이터를 활용하여 머신러닝 모델을 제작합니다. 악기에 대한 수업을 진행하고 악기를 연주하는 방법에 따라 관악기, 현악기, 타악기, 건반악기로 구분하여 이미지를 데이터를 수집해보았습니다. 이후 악기 사진을 카메라에 비추어서 악기 종류를 분류할 수 있는 머신러닝을 만들었습니다. 악기의 속성, 연주법, 관현악 편성 등 악기를 주제로 수업을 진행한 이후에 총정리를 하는 차원에서 머신러닝 제작을 하면 좋습니다.

머신러닝 모델은 데이터가 다양할수록 인식률이 높아집니다. 따라서 학생들이 개별적으로 악기 이미지를 수집할 수도 있지만, 최대한 다양하고 방대하게 악기 이미지를 수집하기 위해 학급 및 학년 협업 방식으로 진행했습니다. A 학급에서 수집한 이미지 이외의 다른 자료들을 B, C 학급에서 수집하여 악기 이미지 아카이브를 만들었습니다. 학생들이 1인 한 장 이상의 이미지를 찾고, 구글 공유 문서함에 업로드한 뒤에 티처블 머신에서 데이터를 불러오도록 했습니다. 교사, 학생 입장에서 각각 작업하는 방법을 안내하겠습니다.

[QR1-4-2] 이미지 프로젝트 만들기 설명서63)(기존 프로젝트 불러오고 저장하는 방법)

① 교사가 구글 드라이브에서 새 폴더를 생성하고, '악기 이미지'라고 폴더 이름을 정합니다(경로: 내 드라이브 – 새로 만들기 또는 신규 – 새 폴더).

[그림1-4-22] 구글 드라이브에서 새 폴더 생성하는 경로

② '악기 이미지' 폴더를 마우스로 우클릭하여, 학생들에게 편집자 권한을 부여합니다. 학급 그룹 계정이 있다면 더 간단하게 학급 학생들을 초대할 수 있습니다(예: 202@frano.kr).

---

63) ior.ad/8Qw6

[그림 1-4-23] 드라이브 폴더에 공유 권한 부여하는 방법

③ 악기 이미지 폴더 아래에 관악기, 타악기, 현악기, 건반악기라는 하위 폴더를 생성합니다. 이렇게 교사가 사전에 폴더를 준비하면, 학생들이 악기 분류를 헷갈리지 않고 이미지를 업로드할 수 있습니다.

[그림 1-4-24] 하위 폴더 생성 예시

④ 학생들은 머신러닝의 데이터로 활용할 악기 이미지를 찾습니다. 저는 국악기와 서양악기 구분 없이 관악기, 현악기, 타악기를 찾도록 안내했습니다. 악기 이미지가 저작권 무료로 제공되는 사이트도 학생들에게 소개합니다.

[그림 1-4-25] 저작권 무료 이미지 사이트(좌: 픽사베이[64], 우: 공공누리[65])

⑤ 교사가 초대한 공유 폴더에 학생들이 직접 이미지를 업로드합니다. 파일명은 악기 이름으로 변경하도록 합니다. 데이터가 다양할수록 인식률이 높아지므로, 같은 악기라도 최대한 다양한 각도와 모양으로 촬영한 이미지를 수집합니다.

[그림 1-4-26] 공유 폴더에 학생들이 업로드한 악기 이미지

---

64) pixabay.com
65) www.kogl.or.kr

⑥ 티처블 머신에서 이미지 프로젝트를 클릭하면, 클래스가 2개 보입니다. 연필 아이콘을 클릭하고 관악기, 현악기라고 써봅시다. 클래스 추가를 2번 클릭하고 타악기, 건반악기 클래스도 만듭니다.

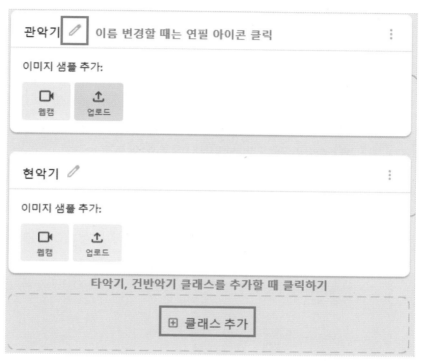

[그림 1-4-27] 이미지 프로젝트에서 클래스 이름 변경, 추가하는 방법

⑦ 클래스에 이미지 삽입은 2가지 방법으로 할 수 있습니다. 웹캠을 사용해서 직접 이미지를 촬영하거나 이미지 파일을 업로드하는 방식입니다. 구글 공유 문서함에 악기 이미지를 저장했으므로, 업로드 아이콘 – Google Drive에서 이미지 가져오기를 클릭합니다.

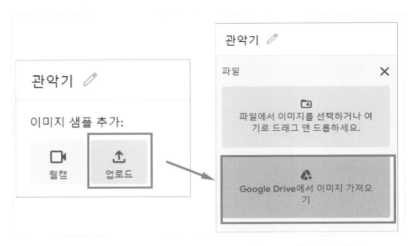

[그림 1-4-28] 구글 드라이브의 이미지를 클래스에 추가하는 방법

⑧ 구글 드라이브의 폴더가 보입니다. 각 클래스별로 폴더에 있는 이미지를 10장씩 선택하고, Select를 클릭합니다. 일괄 선택은 최대 10장까지만 가능합니다.

[그림 1-4-29] 구글 드라이브의 이미지를 일괄 선택하여 클래스에 추가하는 방법

⑨ 클래스에 이미지를 모두 업로드한 후, 모델 학습시키기를 클릭합니다. 클래스와 이미지가 많을수록 학습 시간이 길어집니다.

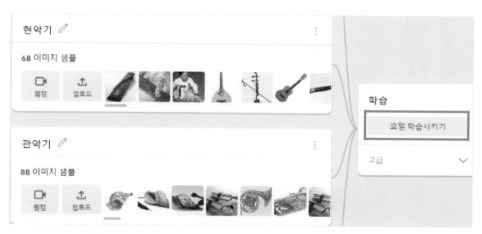

[그림 1-4-30] 클래스에 업로드한 이미지를 모델 학습시키는 과정

⑩ 모델 학습이 끝나면, 크롬북이나 컴퓨터에 내장된 카메라에 악기 이미지를 비추어봅니다. 악기 이미지 카드, 교과서에 수록된 악기 이미지, 스마트폰으로 검색한 악기 이미지 등을 카메라에 비추면 됩니다.

[그림 1-4-31] 크롬북 카메라에 악기 이미지를 비추며 머신러닝 인식률 확인하기

기타 이미지 카드를 카메라에 비추었더니, 현악기로 100% 인식했습니다. 만약에 이미지를 인식하는 정확성이 떨어진다면, 이미지를 추가로 저장하고 다시 모델 학습시키기를 합니다. 이렇게 완성한 머신러닝 모델을 다른 사람들이 체험할 수 있도록 링크 상태로 공유할 수 있습니다.[66] '모델 내보내기'를 클릭하고, 팝업에서 '업로드(공유 가능한 링크)' – '모델 업로드'를 선택하여 머신러닝을 업로드한 이후에 링크를 복사합니다.

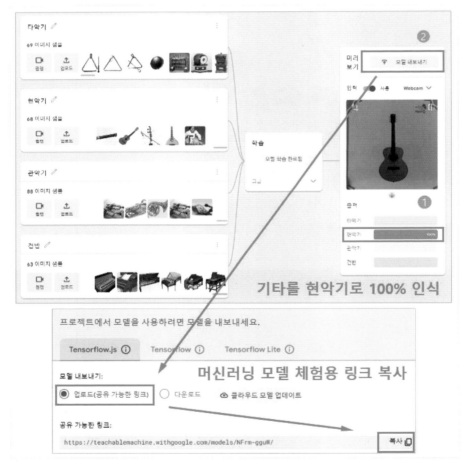

[그림 1-4-32] 위: 악기 인식률 확인 / 아래: 머신러닝 공유 링크 복사

---

66) 예시: bit.ly/머신러닝체험

⑪ 머신러닝 모델은 저장했다가 다음에 추가 작업을 할 수도 있습니다. 수업을 종료할 때 화면 왼쪽의 삼선 아이콘을 클릭하고, Drive에 프로젝트 저장을 합니다. 다시 불러올 때에는 Drive에서 프로젝트 열기를 클릭합니다.

[그림 1-4-33] 구글 드라이브에 프로젝트를 저장하고 다시 불러오는 경로

[QR 1-4-3] 이미지 프로젝트: 악기 판별기 샘플 다운받기[67]
(구글 드라이브에 저장해서 티처블 머신으로 불러오기)

2) 오디오 프로젝트: 지역별 아리랑 판별기 만들기

오디오 프로젝트에서는 소리를 데이터로 활용하여 머신러닝을 만드는데, 이미지 프로젝트와 만드는 과정이 거의 동일합니다. 저는 민요 <아리랑>을 주제로 머신러닝을 제작하는 수업을 진행했습니다. 유네스코 인류무형문화유산으로 등재된 <아리랑>은 지역마다 다양한 가사와 선율이 존재하는데, 학생들이 지역별 <아리랑>을

---

67) bit.ly/악기이미지

적극적으로 부르는 계기를 마련하고 싶었습니다. 학생들은 머신러닝을 제작하며 지역별 <아리랑>을 반복적으로 감상하고 노래하면서, 평범한 민요 가창 수업에서는 볼 수 없는 열정과 집중력을 발휘했습니다.

경기민요조로 부르는 <경기 아리랑>과 격한 시김새를 표현하는 남도민요조의 <진도 아리랑>으로 아리랑 판별기를 만드는 방법을 소개합니다. 두 지역의 <아리랑>은 가사와 선율뿐만 아니라 창법과 시김새가 다릅니다. 노래를 불렀을 때 이러한 차이점이 뚜렷하게 나타나야 머신러닝의 인식률도 높아집니다.

① 오디오 프로젝트를 열고, 배경 소음부터 녹음합니다. 마이크 – 20초 녹화를 클릭합니다. 녹화 시간은 설정 아이콘을 클릭해 조정할 수 있으며, 녹화가 끝나면 샘플 추출을 합니다.

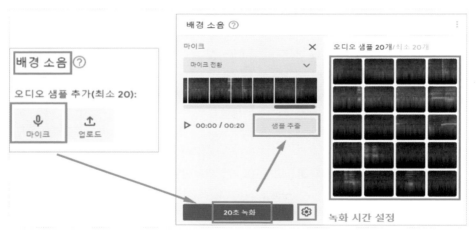

[그림 1-4-34] 오디오 프로젝트에서 배경 소음 녹화 및 샘플 추출

② Class 2는 '경기 아리랑'이라고 제목을 변경했습니다. <경기 아리랑>의 선율을 머신러닝에게 알려주기 위해 마이크를 클릭합니다. 초기 설정은 3초 녹화로 되어 있으나, 설정 아이콘을 클릭하여 녹화 시간을 더 길게 변경합니다. 저는 20초로 변경했습니다.

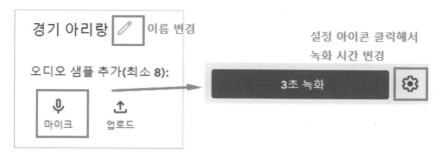

[그림 1-4-35] 오디오 프로젝트에서 클래스 이름 및 녹화 시간 변경

③ 20초 녹화를 클릭하고 <경기 아리랑>을 부릅니다. '아리랑 아리랑 아라리요~'로 시작하는 유명한 민요입니다. 녹화가 끝나면 샘플 추출을 클릭하고, 최소 8개 이상의 샘플을 추출합니다. 같은 방법으로 '아리아리랑 쓰리쓰리랑~'으로 시작하는 전라도의 <진도 아리랑>도 불러서 샘플을 추출합니다. 유튜브에 있는 <아리랑> 음원을 재생하고 녹화해도 되는데, 대부분 기악 반주 소리가 포함되어 있어서 인식률이 떨어질 수 있습니다.

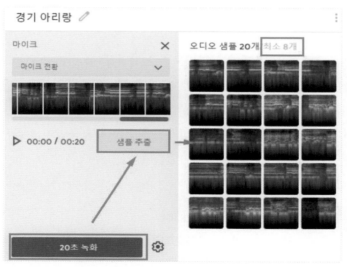

[그림 1-4-36] 오디오 프로젝트에서 녹화하고 샘플을 추출하는 과정

④ 지역별 <아리랑> 샘플을 모두 추출하고, 모델 학습시키기를 클릭합니다. 처음 완성된 머신러닝에서 <아리랑> 선율을 부르면 인식률이 현저히 떨어집니다. 샘플을 추가로 녹화하여 샘플을 추출하고, 다시 모델 학습시키기를 클릭해서 머신러닝을 훈련시킵니다. 인식률이 높아질 때까지 이 과정을 계속 반복하는데, 이 과정에서 학생들은 <아리랑>을 외워버릴 정도로 많이 부르게 됩니다.

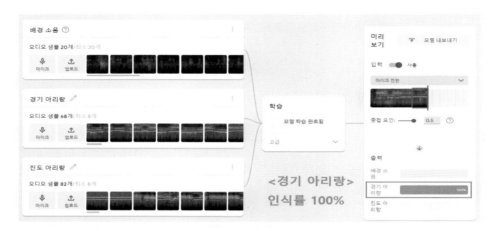

[그림 1-4-3ㄱ] 두 지역의 〈아리랑〉을 노래하며 머신러닝 인식률 확인하기 68)

학생들과 <경기 아리랑>과 전라도의 <진도 아리랑>을 번갈아 합창하며 머신러닝의 인식률을 확인하고, 마침내 100%로 판별해냈을 때 무척 감격스러웠습니다. 민요 가창이 재미없다고 외면하던 학생들이 머신러닝에 데이터를 입력하기 위해 <아리랑>을 쉬지 않고 부르는 모습이 신기하게 느껴졌습니다. 국악이 AI를 만나서 재미있고, 매력적인 수업 주제가 되는 경험이었습니다.

[QR 1-4-4] 오디오 프로젝트: 아리랑 판별기 샘플 다운받기69)
(구글 드라이브에 저장해서 티처블 머신으로 불러오기)

---

68) 예시: bit.ly/아리랑체험
69) bit.ly/오디오프로젝트

3) 포즈 프로젝트: 코다이 손기호로 만드는 계이름 판별기

코다이는 헝가리의 작곡가이자 음악 교육학자로, 계이름을 손의 모양과 높이에 따라 직관적으로 표현하는 손기호를 고안했습니다. 독보력이 부족한 학생들은 계이름을 오선보로만 배우면 어려워하지만, 코다이 손기호를 활용하면 음높이의 차이를 더욱 쉽게 이해할 수 있습니다. 마음속으로 음을 듣고 노래할 수 있는 내청 능력도 향상되고, 양손으로 다른 음을 표현하여 화음을 지도할 때도 유용합니다.

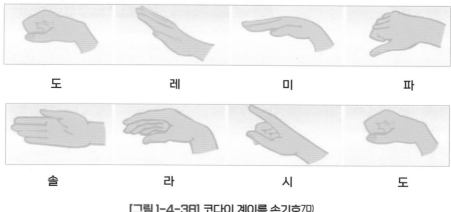

[그림 1-4-38] 코다이 계이름 손기호[70]

위와 같은 코다이 손기호를 포즈 프로젝트로 제작하고, 머신러닝 모델을 만들어 보았습니다. 포즈 프로젝트는 이미지, 오디오에 비해 학습 속도가 오래 걸리는 편이므로 너무 많은 클래스를 개설하지 않도록 합니다. 계이름 파, 라의 손기호를 판별하는 머신러닝을 제작해보았습니다.

① 포즈 프로젝트를 열고, Class의 제목을 계이름으로 바꿉니다. 웹캠을 클릭하고 길게 눌러서 녹화하기를 클릭하여 손기호를 녹화합니다. 손은 다양한 각도로, 원근을 반영하여 녹화할수록 머신러닝 인식률이 높아집니다. 손기호만 제대로 인식하도록 얼굴은 나오지 않게 합니다.

---

70) "코다이 손기호 익히기", <에듀넷>, www.edunet.net(접속일자: 2022.02.18.).

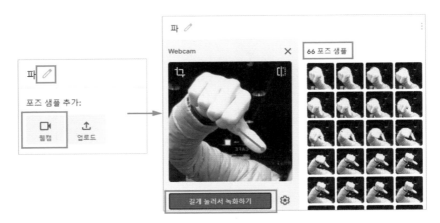

[그림 1-4-39] 포즈 프로젝트에서 녹화하고 샘플을 추출하는 과정

② 모델 학습시키기를 클릭하여 머신러닝을 훈련시키고, 완성된 머신러닝 모델에서 계이름 파와 라를 인식해봅니다.

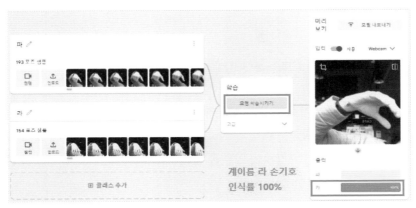

[그림 1-4-40] 손기호를 시연하며 머신러닝 인식률 확인하기[71]

포즈 프로젝트로 완성한 머신러닝에서 계이름을 손기호로 표현하며 <도레미송>을 부르는 수업으로 연계할 수 있습니다.

---

71) 예시: bit.ly/코다이

| 도는 두 주먹 쥐고 / 레는 지붕 만들고 |
| 미는 다리 만들고 / 파는 손가락 아래 |
| 솔은 눈 가리고요 / 라는 귀신 손가락 |
| 시는 도깨비의 불 / 도는 다시 두 주먹 |

[표 1-4-1] 코다이 손기호로 부르는 〈도레미송〉 가사

[QR 1-4-5] 포즈 프로젝트: 코다이 손기호 계이름 판별기 다운받기[72]
(구글 드라이브에 저장해서 티처블 머신으로 불러오기)

다. 구글 아트 앤 컬처

구글 실험실의 메뉴 중에 Arts & Culture Experiments를 클릭하면 AI로 음악, 미술을 동영상 및 장소 감상, 게임 등의 형태로 재미있게 체험하는 사이트가 많습니다. 구글과 제휴한 세계 주요 박물관과 문화 기관의 예술작품, 유물도 관람할 수 있습니다. 이 중에서 음악 수업에서 활용하기 좋은 실험실을 소개해드립니다. 구글 검색창에서 각 도구명을 검색하면 쉽게 접속할 수 있습니다.

1) 어시스티드 멜로디: 작곡가 체험하며 서양음악사 탐색하기

어시스티드 멜로디(Assisted Melody)[73]는 선율을 입력하면 바흐, 모차르트, 베토벤의 작곡 스타일대로 편곡해주는 사이트입니다. 바흐의 코랄 칸타타, 모차르트와 베토벤의 4중주 음악에 머신러닝을 적용하고, 작곡 스타일을 분석하여 어시스티드 멜로디가 탄생했습니다. 서양음악사 중 바로크, 고전 시대를 수업과 연계해 활용하기 좋습니다. 어시스티드 멜로디에서 편곡한 곡과 실제 작곡가의 곡을 비교하며 감상하고, 건반 악기의 변천 과정과 작곡가의 생애를 조사하는 수업도 할 수 있습니다.

---

72) bit.ly/포즈프로젝트
73) bit.ly/어시스티드

[그림 1-4-41] 어시스티드 멜로디의 메인 화면

　어시스티드 멜로디에 접속하고 오선보에 음을 입력한 뒤 Harmonize를 클릭하면 편곡이 됩니다. 건반을 눌러도 음이 입력되며 악기 음색, 속도 변환, 작품 주소 공유도 가능합니다.

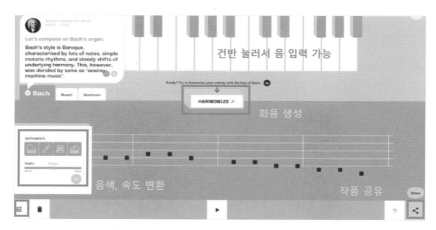

[그림 1-4-42] 어시스티드 멜로디의 메뉴 기능

　같은 선율을 바흐, 모차르트, 베토벤 스타일로 편곡하고 비교해서 감상하는 수업도 가능합니다. 모차르트의 <작은 별> 4마디를 입력하고 비교했습니다. 원곡의 선율 주위로 작곡가마다 다른 화음이 생깁니다. 편곡한 곡이 어떤 점에서 각 작곡가별 스타일을 닮았는지 이야기하고 바흐, 모차르트, 베토벤의 곡을 감상하는 수업으로 연계했습니다.

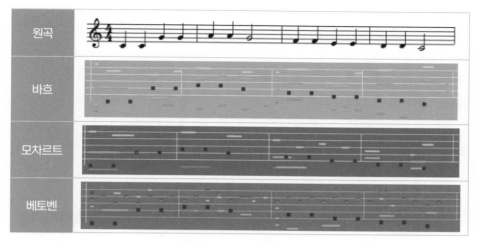

[표1-4-2] 〈작은 별〉을 3명의 작곡가 스타일로 편곡한 악보 비교

(1) 건반 악기의 변천사, 특징 살펴보기(오르간, 하프시코드, 피아노)

어시스티드 멜로디에서 바흐는 오르간, 모차르트는 하프시코드, 베토벤은 피아노의 음색으로 편곡이 됩니다. 서양음악사에서 건반악기의 대세가 오르간에서 피아노로 바뀌어가는 흐름을 설명하기 좋습니다. 또한 각 악기의 특징과 차이점을 분석하는 수업으로 연계할 수 있습니다. 예를 들어, 소리 내는 원리에 초점을 두어 오르간은 파이프에 바람을 넣고, 하프시코드는 촉이 현을 뜯고, 피아노는 망치가 현을 때리며 소리 내는 원리를 알려주면서 각 악기별 영상을 감상하며 음색을 비교합니다.

| 오르간 | 하프시코드 | 피아노 |

[그림1-4-43] 어시스티드 멜로디에 등장하는 건반악기 비교74)

(2) 작곡가에 대한 설명을 구글 렌즈로 살펴보기

어시스티드 멜로디의 화면 왼쪽에는 작곡가에 관한 설명이 나옵니다. 편곡이 진행되는 동안 설명이 계속되는데, 학생들의 흥미를 끌 수 있는 작곡가 에피소드가 많습니다. 안타깝게도 크롬 브라우저의 번역 기능과 48쪽에서 소개한 DeepL Translate 번역 확장 프로그램이 적용되지 않습니다. 영어를 읽기 어렵다면 영어 문장을 복사해서 구글 검색창에서 번역을 하거나, 스마트폰에 구글 렌즈를 설치하여 번역할 수 있습니다.

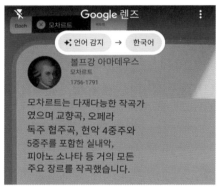

[그림 1-4-44] 좌: 모차르트의 생애 설명 / 우: 구글 렌즈 앱으로 번역

(3) 아트 앤 컬처(Arts&Culture)로 베토벤 생가 감상하기

어시스티드 멜로디의 화면 왼쪽에는 작곡가에 대한 생애 외에도 해당 작곡가와 관련한 흥미로운 자료를 볼 수 있는 사이트 링크가 나옵니다.

---

74) pixabay.com

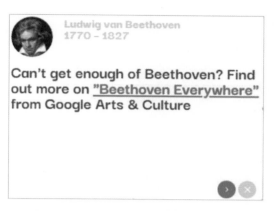

[그림 1-4-45] 베토벤과 관련된 사이트 소개(Beethoven Everywhere)

이 중에서 베토벤과 관련된 Beethoven Everywhere는 베토벤과 관련된 다양한 음악, 미술 자료를 모은 곳입니다. 베토벤이 사용했던 유물과 거주했던 생가를 360도로 감상할 수 있습니다.

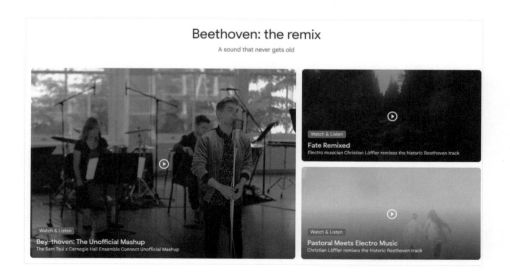

What Beethoven Means To Deaf Artists

The composer's ambivalent inspiration

읽기

[그림 1-4-46] 베토벤과 관련된 음악, 사용했던 보청기 자료

Beethoven-House Bonn

Bonn, 독일

[그림 1-4-47] 베토벤의 생가를 360도 스트리트 뷰로 탐방

바흐	모차르트	베토벤
From Bach to Bauhaus (독일의 예술 명소)[75]	Performing Arts (공연 예술 장소)[76]	Beethoven Everywhere (베토벤 유물, 생가 탐방)[77]

[QR 1-4-6] 아트 앤 컬처에서 제공하는 바흐, 모차르트, 베토벤 관련 사이트

 [QR 1-4-7] 어시스티드 멜로디 수업 활용법 영상[78]

75) bit.ly/바우하우스
76) bit.ly/퍼포밍아트
77) bit.ly/베토벤에브리웨어

2) 블롭 오페라: 아카펠라 4성부 체험하고 화음 만들기

블롭 오페라(Blop Opera)[79])에서는 4명의 캐릭터가 혼성 4부 합창의 형태로 노래하는 음악을 감상할 수 있습니다. 실제 소프라노, 메조소프라노, 테너, 베이스의 소리를 16시간 분량으로 녹음하여 컨볼루셔널 신경망(CNN)이라는 알고리즘을 학습시켰으며 머신러닝 모델이 사람의 목소리처럼 재현합니다.

[그림 1-4-48] 블롭 오페라의 메인 화면

영어로 방울, 몰캉몰캉이라는 뜻인 블롭(Blop) 캐릭터가 4명 등장합니다. 가장 높은 음역이 화음을 주도하며 마우스로 캐릭터를 잡아서 위아래로 움직이면 음높이가 달라집니다. 앞뒤로 움직이면 아, 에, 이, 오, 우의 모음이 달라집니다.

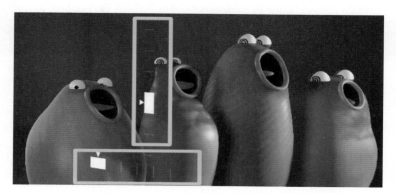

[그림 1-4-49] 캐릭터를 세로(음높이 변경), 가로(모음 변경)로 움직이는 모습

---

78) bit.ly/어시스티드멜로디
79) bit.ly/블롭

(1) 각 나라의 유명한 음악을 4성부 아카펠라로 감상하기

블룹 오페라에는 세계 여러 지역과 관련된 음악들이 준비되어 있으며, 무반주 성악곡인 아카펠라(Acapella) 형태로 연주합니다. 아카펠라는 악기 없이 목소리로만 화음을 맞추어 부르는 노래로, 중세 교회에서 반주 없이 성가를 합창하던 방식에서 유래했습니다. 어떠한 음악이라도 입으로 악기 소리를 내는 아카펠라로 감상하면 학생들이 매우 흥미로워합니다. 요즘 유행하는 아카펠라 영상을 함께 감상하며 아카펠라의 개념을 익힌 뒤, 블룹 오페라에 등장하는 음악을 원곡과 아카펠라 버전을 비교해서 감상하는 수업으로 연계할 수 있습니다.

[그림 1-4-50] 아이폰 효과음을 아카펠라로 노래하는 모습[80]

① 화면 오른쪽에 있는 지구본 아이콘(🌍)을 클릭하면, 6개국의 주요 도시를 선택하는 팝업이 뜹니다. 해당 나라와 관련된 음악들을 들을 수 있습니다.

---

80) "iPhone sound effect(acapella)", <유튜브 채널: MayTree>, youtu.be/C1cMdXs6wG0(접속일자: 2023.02.20.).

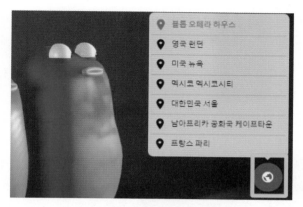

[그림 1-4-51] 지구본을 클릭해서 세계 음악 감상하기

② 이 중에 영국을 선택해보았습니다. 영국과 관련된 음악인 헨델의 <할렐루야>, 아일랜드 민요인 <Londonderry Air> 등을 캐릭터들이 아카펠라로 노래합니다. 노래를 감상하는 동시에 캐릭터를 움직일 수도 있습니다. 소프라노 주선율이 연주하는 동안 메조소프라노, 테너 성부를 움직이며 화음에 맞게 내성을 채워보는 활동도 가능합니다.

[그림 1-4-52] 배경을 영국으로 선택하고 영국 관련 음악 감상

③ 블롭 오페라에 등장하는 나라에 대해서 사회과와 융합수업도 가능합니다. 예를 들어 세계 지리, 기후 등에 대해 사회과에서 수업을 진행하고 블롭 오페라를 체험

하며 음악과 관련된 나라를 구글 어스(Google Earth)로 탐색합니다.[81]

블롭 오페라의 배경 화면으로 영국 런던의 상징적인 시계탑인 빅 벤과 빨간색 2층 버스가 보입니다. 높이가 97m에 이르는 빅 벤의 모습을 어스의 3D 기능으로 입체적으로 확인하고, 스트리트 뷰 기능을 활용하여 실제 빅 벤과 런던의 템스강까지 볼 수 있습니다.

[그림 1-4-53] 어스로 살펴본 빅 벤(3D 기능, 스트리트 뷰)

(2) 간단한 선율을 만들고 링크 공유하기

블롭 오페라에서는 간단한 선율을 창작하여 4성부 아카펠라로 만들고, 링크를 공유하는 활동도 할 수 있습니다.

① 화면 왼쪽의 녹화 아이콘을 클릭하고, 자유롭게 연주합니다.

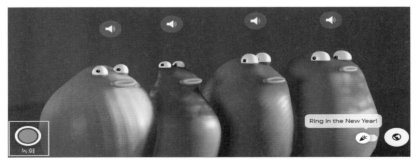

[그림 1-4-54] 블롭 오페라에서 녹화 아이콘을 클릭해서 연주 진행

---

81) 구글 어스의 자세한 사용법은 215쪽 참조.

② 녹화 상태가 되었습니다. 가장 높은 음역이 화음을 주도하므로, 소프라노 성부를 움직여보겠습니다. 연주가 끝나고 마침 아이콘을 클릭합니다.

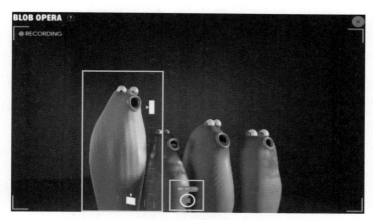

[그림 1-4-55] 녹화 중에 소프라노 성부를 움직이는 모습

③ 녹화한 영상이 자동으로 재생됩니다. 공유 아이콘을 클릭하면 팝업이 생깁니다. 작품 링크를 복사하고, 다른 학생들에게 공유하도록 안내합니다.

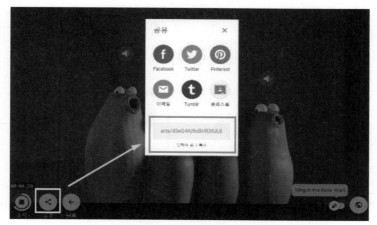

[그림 1-4-56] 녹화를 종료하고 작품 링크를 공유하는 경로

3) 페인트 위드 뮤직: 감정을 그리며 마음의 소리 표현하기(융합)

페인트 위드 뮤직(Paint with Music)[82]은 화면에 그림을 그리면 소리로 전환되는 사이트로, 자연을 닮은 소리가 많아서 시청각적으로 묘하게 힐링이 되는 느낌입니다. 학생들이 음악으로 치유받는 경험을 할 수 있도록 자신의 감정을 탐색하고 소리로 표현하는 수업을 해보았습니다. 이후 자신의 감정과 관련된 음악 찾기를 주제로 논술 수행평가를 진행했습니다. 융합수업으로도 확장하여 국어 수업에서 감정에 대한 형용사를 배우고, 미술 수업에서 나만의 감정카드 만들기로 연계했습니다.

[그림 1-4-57] 페인트 위드 뮤직의 메인 화면

페인트 위드 뮤직에는 신호 합성 과정에서 딥러닝이 적용되었습니다. 화면에 그림을 그리면 그림 그린 위치마다 음높이가 다르게 들리는데, 그림을 인공 신경망이 분석하여 디지털 신호 과정을 거쳐 소리로 출력하는 방식입니다(DDSP).

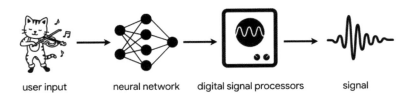

[그림 1-4-58] DDSP(Differentiable Digital Signal Processing) 과정[83]

---

82) bit.ly/페인트위드뮤직
83) "DDSP: Differentiable Digital Signal Processing", <Magenta>, magenta.tensorflow.org/ddsp(접속일 자: 2023.02.10.).

① 모둠 편성을 해서 감정카드를 1세트씩 나누어 줍니다. 현재 자신의 감정, 미래에 느끼고 싶은 감정과 관련된 카드를 고르고, 그렇게 선택한 이유를 모둠원들과 이야기합니다.

[그림 1-4-59] 모둠원들과 감정카드를 활용해서 자신의 감정 상태 설명하기

모둠원들과 나눈 이야기는 패들렛에도 업로드하고, 자신의 감정과 어울리는 음악을 유튜브에서 찾아서 공유합니다.

[그림 1-4-60] 감정카드를 고른 이유, 감정과 어울리는 음악을 패들렛에 공유

② 페인트 위드 뮤직의 메인 화면에서 캔버스를 1개 선택합니다.

[그림 1-4-61] 음악을 표현할 수 있는 캔버스 4종류(하늘, 바다, 담벼락, 종이)

캔버스에 감정과 관련하여 자유롭게 그리고 소리를 들어봅니다. 어떤 학생은 시험 기간이 다가와서 마음이 복잡하게 엉켜 있고, 새가 쫓아오는 것처럼 조급하고, 하늘 높이 날아가서 자유로워지고 싶은 심정을 다음과 같이 캔버스에 담았습니다.

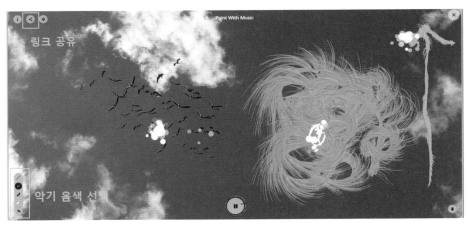

[그림 1-4-62] 하늘 캔버스(in the sky)에 감정을 표현한 예시

화면 왼쪽 아래에서 악기 음색을 설정할 수 있고, 화면 왼쪽 위의 링크 아이콘을 클릭하면 작품 공유가 가능합니다. 친구를 위로하고 싶은 메시지를 담아서 음악으로

표현하고 링크를 공유하는 수업을 해보았습니다.

학생들은 마치 비밀일기를 쓰듯이 나만 아는 방법으로 마음을 표현하고 들어보는 체험에 흥미를 보였습니다. 참고로 서양음악사의 현대음악 수업을 끝내고 이 사이트 수업을 하면, 학생들이 '이런 것도 음악인가?'라는 의문을 덜 제시합니다. 비록 음악적으로 깊이 있게 접근하는 수업은 아니지만, 음악과 소리를 통해서 스트레스를 해소하는 방법을 알려준다는 점에서 의미가 있었습니다.

이 수업 이후 각 감정별로 어울리는 음악을 찾아서 패들렛에 공유하고, 그 음악의 제목을 감정이 드러나게 그리는 활동으로 연계했습니다. 이 책의 앞에서 설명한 챗GPT를 활용하여 더욱 폭넓게 감정별 음악을 수집하고 분류하는 수업으로 확장할 수도 있습니다.

[그림 1-4-63] 감정별로 어울리는 음악과 선곡한 이유를 패들렛에 공유

[그림 1-4-64] 곡의 제목에 감정이 드러나도록 그림 그리기

[QR 1-4-8] 페인트 위드 뮤직으로
표현한 감정 음악 예시[84]

[QR 1-4-9] 블롭 오페라, 페인트 위드
뮤직 수업 활용법 영상[85]

---

84) bit.ly/감정음악
85) bit.ly/블롭페인트

AI 스튜디오스, D-ID: AI 앵커가 홍보하는 국악 뉴스

이제 AI 가상 인간이 뉴스에서 활약하는 시대입니다. AI 딥러닝 방식으로 실제 인간 앵커의 표정과 말투 등을 학습하고, 마치 영화 속의 복제 인간처럼 AI 앵커가 탄생했습니다. 원고를 입력하면 AI 앵커가 인간 앵커처럼 뉴스를 읽습니다. AI 스튜디오스(AI Studios)[86]를 활용하면 음악 수업에서도 AI가 진행하는 뉴스를 제작할 수 있습니다.

[그림 1-5-1] 인간 앵커를 딥러닝으로 구현한 AI 앵커[87]

AI 스튜디오스는 방송 뉴스 제작을 도와주는 AI 에듀테크 사이트입니다. 편집 창에서 AI 가상 인간을 선택하고 원고를 입력하면, 선택한 가상 인간이 원고를 읽어주는 영상이 완성됩니다.

---

86) www.deepbrain.io/ko/aistudios

87) "인간앵커와 AI앵커의 첫 대면 [MBN 종합뉴스]", <MBN News>, youtu.be/k8X_Em-NQn0(접속일자: 2023.02.11.).

[그림 1-5-2] AI 스튜디오스에서 무료로 AI 비디오를 체험하는 화면

뉴스 배경 화면과 이미지, 음원 등을 삽입하여 더욱 실제 뉴스처럼 영상을 제작할 수 있습니다. AI 뉴스를 제작하는 과정에서 학생들은 자료를 구성하고 정리하는 방법을 배우고, AI의 딥러닝이 무엇인지 자연스레 체험하게 됩니다. AI 스튜디오스로 국악 뉴스를 제작하여 국악을 최신 스타일로 재미있게 가르친 방법을 소개하겠습니다.

[그림 1-5-3] AI 스튜디오스에서 가상 모델을 선택하는 화면

① 논술 수행평가와 관련하여 국악을 홍보하는 방법 글쓰기, 국악기를 조사하는 글쓰기 활동을 했습니다. 이 자료들은 패들렛에 올렸으며, 수행평가 종료 후에 뉴스 원고 형태로 문장을 편집하여 AI 스튜디오스에 입력하는 방식으로 수업을 연계했습니다.

[그림 1-5-4] 국악 홍보 방법에 대해 글쓰기 하고 패들렛에 공유

② AI 스튜디오스에 접속하여 편집 창에 원고를 입력하고, AI 가상 인간의 목소리로 들어봅니다. 이 과정에서 패들렛에 공유했던 원고는 뉴스 형식으로 문장을 다듬는 과정이 필요합니다.

[그림 1-5-5] 크롬북으로 AI 스튜디오스에서 뉴스를 제작하는 모습

학생들이 맞춤법, 띄어쓰기, 마침표 찍기를 안 하는 경우가 많은데 AI 음성으로 뉴스를 재생하면 어색한 부분을 금방 알게 됩니다. 글을 봐도 무엇이 틀렸는지 찾지 못하는 학생들이 AI 음성을 활용해서 문법에 맞는 글쓰기를 했는지 편리하게 검증할 수 있습니다.

 [QR 1-5-1] 잘못된 띄어쓰기, 맞춤법이 반영된 뉴스 예시[88]

③ 뉴스 원고와 관련된 이미지, 배경 음원, 자막 등을 삽입해서 뉴스의 내용을 효과적으로 전달할 수 있습니다. 또한 학생들이 맞춤법, 띄어쓰기를 틀리는 경우가 많은데 AI 스튜디오스에 문장을 입력해서 들으면 틀린 부분을 알게 됩니다. 문장을 음성으로 들으면서 문법에 맞게 고치는 연습도 해보았습니다. 국악에 대한 글을 외국어로 번역하여 영상을 제작하고, 유튜브에 업로드하여 외국에 국악의 우수성을 알리는 활동으로 확장했습니다.

---

88) bit.ly/스튜디오스1

[AI 스튜디오스] 국악을 대중화할 수 있는 방법 뉴스

AI 스튜디오스 국악 홍보하는 뉴스 일본어

[그림 1-5-6] AI 스튜디오스로 제작한 국악 뉴스 영상

국악 대중화 방법을 소개하는 뉴스[89]

일본어로 제작한 국악 홍보 뉴스[90]

[QR 1-5-2] AI 스튜디오스로 제작한 뉴스 예시

---

89) bit.ly/스튜디오스4
90) bit.ly/스튜디오스3

④ AI 스튜디오스는 영상 편집 화면에 접속하려면 유료 결제가 필요합니다. 최근에는 이와 유사한 AI 영상 사이트가 많이 개발되었으며, D-ID[91]는 14일간 무료로 최대 5분짜리 영상 제작이 가능합니다. 캐릭터를 묘사하는 문장을 입력해 나만의 아바타를 생성한 뒤 영상을 제작할 수도 있습니다.

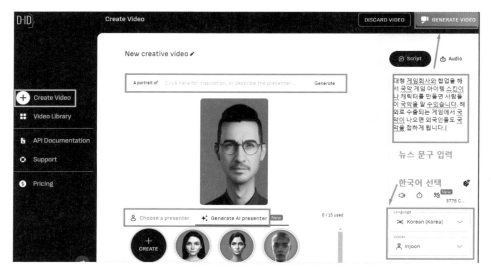

[그림 1-5-7] D-ID의 AI 영상 생성 화면

[QR 1-5-3] D-ID로 제작한 국악 홍보 뉴스 예시[92]

이렇게 AI 가상 인간이 등장하는 영상을 제작할 때에는 윤리를 잘 준수하도록 가르쳐야 합니다. 실제로 수업 도중에 불건전한 말을 입력해서 수업 분위기를 와해하는 학생도 있었습니다. 영상 AI 기술을 범죄에 악용하지 않고, 인간의 삶을 윤택하고 편리하게 만드는 방법으로 사용하도록 알려주는 교육이 필요합니다.

---

91) studio.d-id.com
92) bit.ly/가상앵커

II

에듀테크로 풍성한 음악 수업

인공지능 융합수업 가이드

(작곡 음악 국악)

학생 참여형 수업을 완성할 수 있는 에듀테크 사이트를 소개합니다. 에듀테크의 범위에는 AI와 구글 워크스페이스 도구도 포함되지만, 이 책에서는 구분해서 설명합니다. 에듀테크 도구를 활용하면 수업을 훨씬 역동적으로, 재미있게 운영할 수 있습니다. 음악 수업에서 기술을 활용하니 음악의 본질을 추구하는 수업에서 멀어진다고 우려하실 수도 있습니다. 그러나 기존의 음악 수업에서는 경험하지 못하던 새로운 차원의 창작 수업을 에듀테크로 쉽게 구현한다는 장점이 훨씬 큽니다. 더 나아가 학생들이 음악의 본질에 흥미를 느끼며 탐구하는 계기가 될 수 있습니다.

01 송메이커: 그림 그리듯이 악보 그리기

크롬 뮤직랩(Chrome music lab)[1]은 구글 실험실에 포함된 음악 관련 실험실입니다. 선율, 리듬 창작을 비롯하여 화음, 소리의 원리 등을 체험할 수 있는 도구가 14가지나 있습니다. 크롬북이나 태블릿을 활용하여 디지털 교과서로 수업하는 시대에는 크롬 뮤직랩이 더욱 주목을 받으리라고 생각합니다.

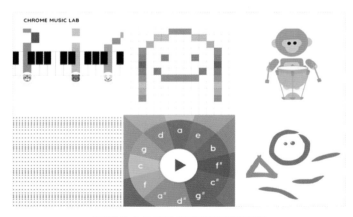

[그림 2-1-1] 크롬 뮤직랩의 메인 화면

---

1) musiclab.chromeexperiments.com

이곳에 포함된 송메이커(Songmaker)[2]는 악보를 볼 줄 몰라도 화면을 터치하면 음높이가 보이게 선율을 넣고 비트도 박진감 있게 입력할 수 있습니다. 기존처럼 오선보를 활용하는 방식이 아니라 그림을 그리듯 파격적인 방법으로 작곡을 하고, 심지어 국악의 음계를 구현하여 민요 작곡까지 할 수 있답니다.

가. 실음이 들리는 가락선 악보로 민요 창작하기

학생들이 국악을 재미있게 배울 수 있는 방법은 '창작'입니다. 국악으로 감상 수업만 하면 지루해서 외면하지만, 창작 수업은 학생들을 수업의 중심에서 역동적으로 활동하게 해줍니다.

스마트폰이 발달하지 않은 시절, 전라도 민요 <진도 아리랑>를 배우고 주요 음계와 시김새를 살려서 메기는 소리를 작곡하는 수업을 했습니다. 학생들은 종이 악보에 작곡을 했는데, 내청 능력이 부족하니 작곡한 선율을 부르기 어려워했습니다. 제가 악보를 보며 일일이 음을 알려주느라 참 힘들었던 기억이 납니다.

이제는 기술이 진보하여 실음이 들리는 국악 작곡을 할 수 있습니다. 심지어 국악을 서양의 오선보가 아닌, 가락선 악보 형태로 작곡이 가능합니다. 그 노하우를 경상도 민요 <쾌지나 칭칭 나네>를 예시로 해서 설명하겠습니다.

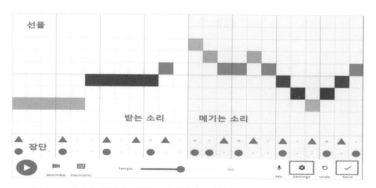

[그림 2-1-2] 송메이커로 만든 〈쾌지나 칭칭 나네〉 1소절 가락선 악보

2) musiclab.chromeexperiments.com/Song-Maker

[QR 2-1-1] 송메이커로 만든 〈쾌지나 칭칭 나네〉 1소절 가락선 악보[3]

1) 송메이커 설정하기

송메이커에서는 다음과 같이 몇 가지 설정만 바꾸면, 민요 작곡이 가능해집니다.

① 송메이커 화면 오른쪽 아래의 설정(Settings) 아이콘을 클릭합니다.

[그림 2-1-3] 송메이커의 설정 아이콘

② 송메이커 설정 화면을 [그림 2-1-5]처럼 설정합니다. 〈쾌지나 칭칭 나네〉를 작곡하기 위해서 자진모리장단(3소박 4박)과 동부민요조 5음 음계(미, 솔, 라, 도, 레)[4]를 표현하기 위해 필수적인 설정입니다.

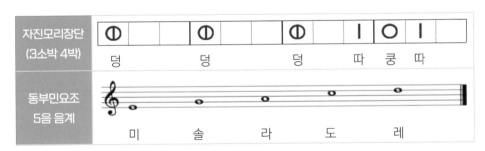

[그림 2-1-4] 자진모리 기본 장단과 동부민요조 5음 음계

---

3) bit.ly/민요창작
4) 동부민요조의 음계는 상행과 하행 선율에서 구조가 다릅니다. 상행 선율에서는 미, 라, 도 구조이며 하행 선율에서는 레와 솔이 경과음 또는 장식음처럼 사용되는 경우가 많습니다. 김영운, 〈국악개론〉(음악세계, 2022), 48쪽 참조.

Length ❶ 길이(마디)	2 bars − +	Scale ❹ 음계	Pentatonic ⌄
Beats per bar ❷ 마디당 박	4 − +	Start on ❺ 악보 시작음	Middle ⌄ C ⌄
Split beats into ❸ 1박을 몇 개로 분할	3 − +	Range ❻ 옥타브	2 octave − +

[그림 2-1-5] 송메이커 설정 화면

❶ Length(길이): bar는 마디를 뜻하며, 최대 16마디까지 설정할 수 있습니다. 〈쾌지나 칭칭 나네〉의 받는 소리와 메기는 소리를 1소절씩 입력하도록 2로 설정했습니다.

❷ Beats per bar(마디당 박): 자진모리는 4박 형태여서 4로 설정합니다. 〈경기 아리랑〉을 창작한다면, 세마치장단(3소박 3박)을 표현하기 위해 3으로 설정합니다.

❸ Split beats into(1박을 몇 개로 분할): 자진모리의 3소박 4박을 표현하기 위해 3으로 설정합니다.

❹ Scale(음계): Major(장음계)가 기본 설정입니다. Pentatonic(5음 음계), Chromatic(반음계)도 있습니다. 동부민요조의 5음 음계(미, 솔, 라, 도, 레)를 그리기에 제격인 Pentatonic으로 설정합니다.

❺ Start on(어떤 음으로 시작): Middle C가 기본 설정으로, 송메이커 악보의 가장 아랫 부분이 가온 도부터 시작합니다. 음계를 Pentatonic으로 설정했을 때 도, 레, 미, 솔, 라 순서로 음이 올라가며 Start on을 다른 음으로 변경해도 음의 간격은 똑같습니다(장2, 장2, 단3, 장2도).

❻ Range(범위): 웹 버전과 태블릿에서는 2 octave, 스마트폰에서는 1 octave가 기본 설정입니다. 최대 3 octave까지 설정이 가능합니다.

[표 2-1-1] 송메이커 설정 메뉴 해설

③ 송메이커 설정을 저장 ✅ 하면 다시 악보 화면이 나옵니다. 화면 위에는 선율, 아래에는 장단을 입력합니다. 화면 왼쪽과 오른쪽의 색이 다르며 같은 색끼리 한 마디라는 뜻입니다.

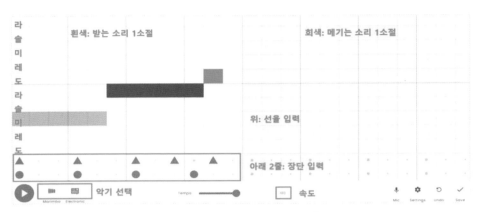

[그림 2-1-6] 송메이커 악보 설명

2) 〈쾌지나 칭칭 나네〉 자진모리장단 입력하기

민요 작곡을 할 때에는 선율과 장단 중에 장단부터 입력하는 게 좋습니다. 장단 위에 선율을 얹으며 작곡하기가 더 쉽기 때문입니다. 저는 스프레드시트를 정간보로 활용하여 자진모리장단을 구음으로 입력하는 수업부터 했습니다. 이후에 장단을 송메이커의 비트 입력란에 넣어서 장단을 들어보도록 했습니다.

▲	장구 채편, 구음 덕(오른손)을 표현
●	장구 북편, 구음 쿵(왼손)을 표현
▲ ●	장구 합장단, 구음 덩(왼손, 오른손)을 표현

[표 2-1-2] 송메이커에서 장구 장단을 표현하는 방법

[QR 2-1-2] 송메이커로 자진모리장단 2소절을 입력한 예시[5]

---

5) bit.ly/자진모리

3) 〈쾌지나 칭칭 나네〉 동부민요조 음계 입력하기

장단 입력을 끝내고 선율을 입력합니다. 〈쾌지나 칭칭 나네〉의 받는 소리 선율과 창작한 메기는 소리 순서로 입력합니다. 각 음이 색깔로 표시되어 음높이를 파악하기 쉽습니다. 동부민요조의 음계는 미, 라, 도가 중심이며 솔과 레는 하행 선율에서 경과음으로 가끔 등장합니다. 학생들이 이 점을 중시하며 작곡할 수 있도록 알려줍니다. 솔과 레를 더 많이 사용하면 동부민요조의 느낌이 덜합니다.

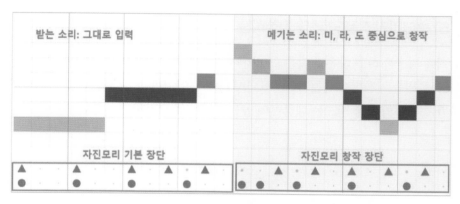

[그림 2-1-7] 송메이커에 〈쾌지나 칭칭 나네〉 선율, 장단을 입력

작곡을 완료하면 저장을 하고, 링크를 패들렛으로 공유했습니다. 동료 평가를 통해 우수작을 8편 선정하고, WAV 음원 형태로 저장합니다. 저장한 음원은 123apps 사이트6)에서 병합하여 학급별로 1개의 민요 음원을 완성하고, 이를 반주 삼아 학급 전체가 민요 합창을 했습니다.

4) 송메이커 작품 저장하는 법

음원 병합을 고려하여 모든 학생들이 Tempo(속도)를 동일하게 맞춘 이후, 송메이커 화면 아래의 Save(저장)를 클릭합니다.

---

6) audio-joiner.com/ko 음원 병합하는 방법은 157쪽 참조.

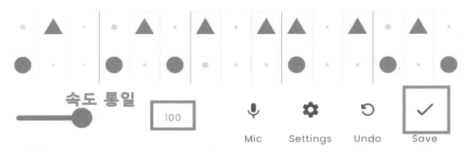

[그림 2-1-8] 송메이커에서 속도 통일하고 저장하기

5) 송메이커 작품 공유 및 저장하는 법

최종 저장을 하면 다음과 같은 화면이 나옵니다. 공유할 때에는 Copy Link를 클릭하고, 음원을 저장할 때에는 DOWNLOAD WAV 아이콘을 클릭합니다.[7] 이렇게 복사한 송메이커 작품 링크는 패들렛에 공유해서 동료 평가를 진행합니다.

[그림 2-1-9] 송메이커 작품 링크 복사, 음원 저장하는 경로

송메이커는 국악에서 구전심수 방식으로 손으로 가락선을 그리며 지도하는 방법처럼, 선율이 가락선 형태로 구현되면서 실음이 지원되는 악보입니다. 기존의 교과

---

7) 모바일 버전에서는 음원을 다운로드하는 경로가 안 보입니다. 안드로이드 모바일에서 크롬 브라우저 오른쪽의 점 3개 아이콘 – 데스크톱 체크를 하면 다운로드 아이콘이 보이고, IOS에서는 보이지 않습니다.

서에서 국악을 오선보에 계이름으로 표현하는 현실이 안타까웠는데, 디지털 교과서 시대에는 실음이 들리는 가락선 형태로 국악을 기보할 수 있겠다는 기대가 생깁니다. 송메이커는 국악 특유의 시김새를 표현할 수 없고, 장구 대신 서양의 타악기로 장단을 표현한다는 한계가 있으나, 언젠가 국악 작곡에 최적화된 한국형 송메이커가 개발되기를 꿈꾸어봅니다.

[QR 2-1-3] 송메이커, 투닝[8]을 활용하여 만든 민요 캠페인송 영상[9]

나. 이름을 주제로 작곡하기

자기 자신을 알아가는 것은 참 중요합니다. 자신의 강점과 약점, 취향과 욕구를 확실히 파악하면 만족스러운 인생을 살아가는 데 도움이 되기 때문입니다. 대인 관계나 진로 찾기에 대한 고민도 결국은 자신을 얼마나 잘 이해하고 있는지와 관련이 있습니다.

저는 학생들이 어렸을 때부터 자신을 탐구하고, 자기 이해를 충분히 해서 스스로 사랑하기를 바랍니다. 이런 맥락에서 '나'를 주제로 하는 수업을 다양하게 시도했습니다. 예를 들어 내가 좋아하는 음악을 소개하는 글쓰기와 나를 이야기하는 음악 사이트 만들기(231쪽)가 대표적입니다. 그 외에도 감정카드를 활용하여 나의 감정을 찾고 그 감정에 어울리는 음악 찾기(130쪽), 나의 인생 음악을 소개하고 그림으로 표

---

8) 투닝(Tooning)으로 웹툰 제작하는 방법은 158쪽 참조.
9) bit.ly/민요캠페인송

현하기와 같은 수업을 해보았습니다.

그중에서 '내 이름을 주제로 작곡하기'는 학생들이 쉽고 재미있게 참여한 수업입니다. 이름을 소재로 다양하게 작곡하고, 어떤 의도로 만들었는지 작곡 의도와 함께 송메이커 작품 링크를 패들렛에 공유했습니다.

제목: 내 이름 ***	(1) 저는 성격이 급한 편이 아니고, 느긋하고 여유가 있는 성격이라서 리듬을 중간으로 하여 작곡했습니다. 음악을 매일이 아닌 가끔씩 들어서 글자를 띄어서 표현했습니다. (2) 저의 이름의 뜻은 고난과 역경을 이겨낸다는 뜻입니다. 힘든 일을 잘 헤쳐나가 언덕을 올라가 정상으로 가라는 의미입니다

musiclab.chromeexperime...

Chrome Music Lab - Song made Apr 22, 2021

[그림 2-1-10] 이름의 뜻과 성격을 반영하여 송메이커로 작곡, 패들렛에 공유

1) 이름을 그대로 입력해서 작곡하기

자신의 이름을 한글, 영어로 쓴 경우입니다. 이름으로 작곡하라고 하면 가장 많은 학생들이 이 방법을 시도합니다. 별명과 태명으로 작곡하는 학생들도 있습니다. 글자를 쓰는 과정에서 대부분 불협화음이 생기지만 괜찮습니다. 서양음악사에서 현대음악은 조성 해체 및 형식 파괴라는 특징을 지니고 있으므로, 이름으로 작곡하기 수업은 현대음악을 자연스럽게 체험하는 시간이 되었습니다.

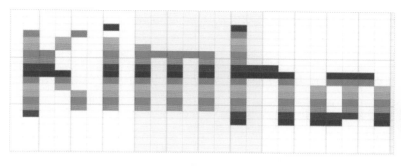

[QR 2-1-4] 이름을 영어로 쓰고, 글자 형태로 작곡[10]

2) 이름의 뜻과 관련해서 작곡하기

최대한 이름의 뜻과 느낌을 살려서 추상적으로 작곡을 시도한 사례입니다. 이름을 그대로 쓰는 경우보다 고차원적인 작곡 방식이라 생각해서 이 방법을 많이 권장했습니다. 학생들은 자기 자신과 관련된 요소(성격, 꿈 등)를 반영하기 위해 스스로를 성찰하는 시간이 필요했습니다.

이 학생의 이름에는 종교적인 뜻이 있습니다. 하늘나라로 올라가는 길을 작곡했다고 하는데, 선율이 상승하는 모습이 시각적으로도 나타납니다.

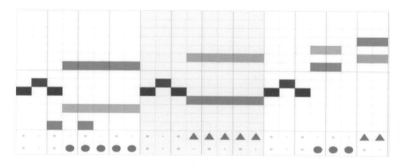

[QR 2-1-5] 이름의 뜻을 반영하여 하늘을 향하는 모습을 작곡[11]

---

10) bit.ly/이름작곡1
11) bit.ly/이름작곡2

다. 이름을 점자로 작곡하기

점자는 시각장애인이 사용하는 문자입니다. 작고 둥근 6개의 점을 볼록하게 만들어서 한글, 영어, 숫자 등을 표현한 형태로, 시각장애인이 손으로 만지며 점자를 인식합니다. 점자 번역 사이트가 있어서 문자를 입력하면 점자 변환도 가능합니다.

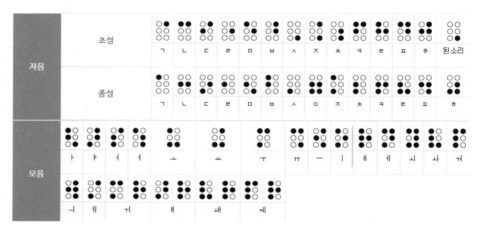

[그림 2-1-11] 한글 자음, 모음 점자 일람표[12]

대부분의 사람들에게는 생소한 점자를 활용하여 이름을 작곡한 학생이 있습니다. 시각장애인에게 송메이커로 이름을 작곡하여 들려주고 싶다고 발표해서 감동받았던 기억이 납니다. 이 학생 덕분에 점자 번역 사이트에서 자신의 이름을 점자로 확인하는 수업을 해보았습니다.

① 점자로 사이트[13]에 접속해서 한글 문자열에 이름을 입력하고, '유니코드 변환'을 클릭합니다.(예: 홍길동: ⠚⠿ ⠈⠕⠗ ⠊⠿)

---

12) "점자일람표", <실로암 시각장애인음악재활센터>, bit.ly/점자일람표(접속일자: 2023.02.22.).
13) jumjaro.org

[그림 2-1-12] 점자로 사이트에서 이름을 점자로 변환

② 점자 문자열에 나온 점자 이름을 보면서 송메이커에 입력합니다. 송메이커 화면이 모눈종이처럼 되어 있기 때문에, 점 1개를 1칸에 입력하면 됩니다. 가족 이름, 반려동물 이름도 점자 모양을 활용하여 작곡하고 감상하는 활동을 했습니다.

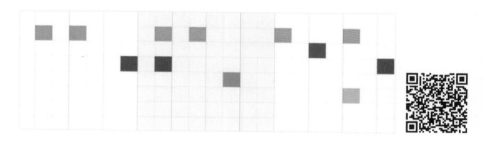

[QR 2-1-6] 나현미(⠈⠻⠑⠍⠕)를 점자로 변환하여 송메이커에 입력한 모습[14]

어떠신가요? 오선보로만 작곡했다면 이런 곡은 상상도 못 했을 텐데, 직관적으로 그리며 작곡하는 송메이커 덕분에 이런 창작도 가능해졌습니다. 점자를 제대로 아는 분이 이 악보를 보신다면, 점자가 아니라고 생각하실 수도 있습니다. 점자가 돌출되지도 않았고, 6점 점자 체계에도 맞지 않게 모양만 흉내 내어 입력했기 때문입니다. 그러나 이 수업 덕분에 학생들은 자연스레 점자에 관심이 생기고, 도서관에서 점자 도서나 큰 글씨 도서를 살펴보기도 했습니다. 아는 만큼 세상이 보인다는 말처럼, 그동안 몰랐던 시각장애에 관심이 확장되었습니다.

---

14) bit.ly/점자이름

음표	이름	도(C)	레(D)	미(E)	파(F)	솔(G)	라(A)	시(B)
	온음표와 16분 음표	⠩	⠺	⠳	⠫	⠻	⠭	⠯
	2분 음표와 32분 음표	⠝	⠺	⠏	⠹	⠻	⠍	⠏
	4분 음표와 64분 음표	⠱	⠺	⠫	⠹	⠻	⠭	⠯
	8분 음표와 128분 음표	⠓	⠚	⠢	⠋	⠛	⠊	⠕
	점음표	점음표는 해당 음표 다음에 ⠄(3점)을 적는다. (예) 점4분 음표(♩.) ⠹⠄						
	겹점음표	겹점음표는 해당 음표 다음에 ⠄⠄(3점, 3점)을 적는다. (예) 겹점4분 음표(♩..) ⠹⠄⠄						

[그림 2-1-13] 음표 점자 일람표[15]

　저도 시각장애인을 위한 점자 악보와 점자 악보를 만드는 '음악 점역사'라는 직업 등을 살펴보면서 그간 무심했던 음악 분야의 배리어프리(Barrier-free)에 관해 공부하게 되었습니다. 점자로 음표, 박자표, 악상기호까지 표현할 수 있다는 사실도 처음 알게 되었습니다. 기회가 되면 음악 용어를 점자로 변환하여 읽는 퀴즈를 내거나, 점자로 된 악보 읽어보기와 같은 활동도 하며 장애 인식 개선 교육을 확장하고 싶습니다. 점자 이름으로 작곡하면서 중요한 생각거리를 던져준 이 제자를 보며 '청출어람(스승보다 뛰어난 제자)'이라는 사자성어를 떠올려봅니다.

---

15) "점자일람표", <실로암 시각장애인음악재활센터>, bit.ly/점자일람표(접속일자: 2023.02.22.).

아르페지오: 직관적으로 장·단조 체험하기

크롬뮤직랩 중 아르페지오(Arpeggios)[16]는 조성(Key signature)을 체험할 수 있는 도구입니다. 조성은 곡의 분위기를 좌우하는 중요한 음악 요소입니다. 저는 53쪽에서 설명한 AI 작곡 사이트 아이바로 작곡하는 수업을 할 때, 아르페지오로 조성의 개념부터 알려주었습니다.

우선 장·단조의 느낌을 비교하기 위해 피아노로 동요 <학교 종>을 C장조와 c단조로 각각 들려주었습니다. 학생들은 장조는 밝고, 단조는 어두운 느낌이 나는 사실을 체험하고 아르페지오에 접속하여 직접 장·단3화음을 직접 탐색했습니다. 이후에 장음계와 단음계를 이론적으로 알려주면서, 두 음계가 온음과 반음의 배열에서 어떻게 차이 나는지 설명했습니다.

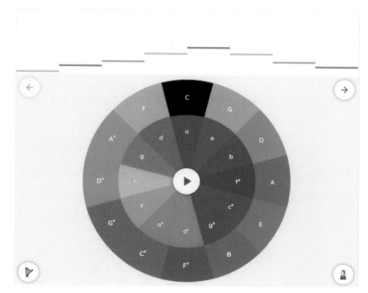

[그림 2-2-1] 크롬뮤직랩 중 아르페지오

---

16) musiclab.chromeexperiments.com/Arpeggios

아르페지오 화면에는 장3화음과 단3화음의 근음(Root)이 각각 대문자와 소문자로 쓰여 있습니다. 각각 선택하여 재생하면 펼침화음, 즉 아르페지오 형태로 연주됩니다. 특히 단화음은 장화음에 비해 3음이 반음 하행하는 모습이 직관적으로 보입니다. 아르페지오에서 대문자 C(장화음)와 소문자 c(단화음)를 클릭했을 때의 1음과 3음의 간격 차이는 다음과 같습니다.

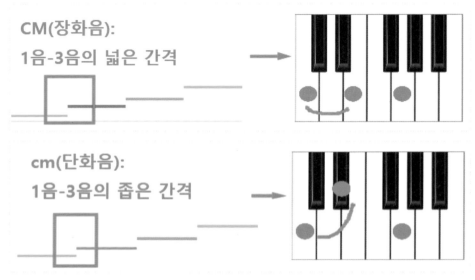

[그림 2-2-2] 아르페지오에서 직관적으로 보이는 1음과 3음 간격 차이

음감이 발달하지 않은 학생들은 음을 들었을 때 반음이 올라가는지 내려가는지 모를 수도 있습니다. 아르페지오는 반음 차이를 시각적으로 보여주는 도구이므로, 음악 이론 수업에서 큰 도움이 됩니다.

03 123apps: 순식간에 오디오 병합하기

123apps[17]는 오디오, 비디오, PDF 파일을 편집하는 곳입니다. 가입이나 프로그램 설치 없이, 크롬 브라우저로 사이트에 접속해서 쉽게 편집할 수 있습니다. 이곳에서 송메이커로 작곡한 <쾌지나 칭칭 나네> 음원들을 순식간에 병합할 수 있습니다.[18]

123apps의 오디오 병합 화면입니다. 트랙 추가를 클릭해서 병합할 음원을 일괄로 추가합니다. 송메이커 작품은 미디가 아닌 WAV 확장자로 저장해야 추가됩니다. 먼저, 화면 오른쪽의 크로스 아이콘은 모두 비활성화합니다. 활성화해두면 음원들이 겹쳐지며 병합되므로 주의해야 합니다. 결합을 클릭하면 순식간에 음원이 하나로 합쳐집니다.

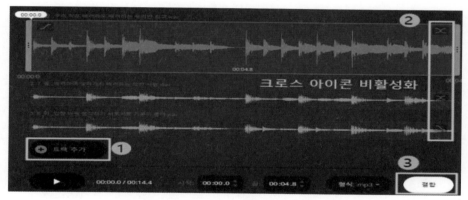

[그림 2-3-1] 123apps에서 오디오 병합하는 과정

[QR 2-3-1] 123apps에서 음원 병합하는 방법 안내 영상[19]

---

17) audio-joiner.com/ko
18) 송메이커로 <쾌지나 칭칭 나네> 메기는 소리를 창작하는 방법은 143쪽 참조.
19) bit.ly/오디오병합

04 투닝: 음악 웹툰, 카드 뉴스 제작하기

투닝(Tooning)[20]은 쉽게 웹툰형 이미지를 제작할 수 있는 콘텐츠 창작 플랫폼으로, 교과의 학습 내용과 스토리텔링을 더하여 학습 만화를 제작할 수 있습니다. 143 쪽에서 소개한 민요 캠페인송 작곡 결과물은 투닝으로 웹툰을 만들어서 영상으로 완성했습니다. 음악 웹툰 만들기는 작곡가, 음악사, 음악 이론 등을 주제로도 만들 수 있습니다. 학생들은 웹툰을 제작하면서 음악 교과서를 비롯한 참고 자료를 찾고 내용을 정리하며 음악 개념을 확실하게 기억하게 됩니다.

[그림 2-4-1] 투닝으로 그린 민요 캠페인송 웹툰

---

20) tooning.io

프로그램 설치 없이 크롬 브라우저를 활용하여 투닝에 접속합니다. 웹 앱으로 열리는 사이트이므로 크롬북으로 수업하기도 편하고, 태블릿에서도 접속이 가능합니다.

[그림 2-4-2] 태블릿으로 투닝에 접속하여 웹툰을 제작하는 모습

① 구글 계정으로 간편 로그인을 합니다. 교사는 교육용 PRO 계정을 신청해서 유료 기능을 무료로 사용할 수 있습니다. 학생은 무료 계정으로 가입했다면 1인당 3장만 저장이 가능합니다.

② 다양한 웹툰 캐릭터, 의상, 배경, 대화 예시문 등이 미리 준비되어 있어서 클릭만 하면 자동으로 웹툰이 완성됩니다. 또한 AI를 활용하여 글을 쓰면 웹툰으로 바꿔주는 TTA(Text to Toon AI) 기능도 있습니다. 화면 오른쪽 아래의 🔵 아이콘 – '글로 이미지 생성'을 클릭하면 TTA 체험이 가능합니다.

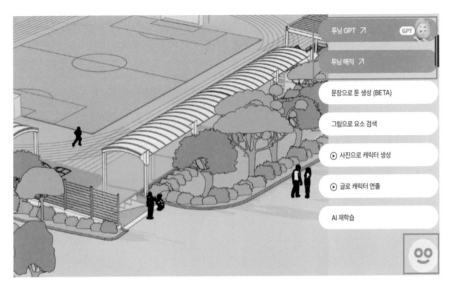

[그림 2-4-3] 투닝 편집 화면에서 AI 아이콘을 클릭한 화면

③ '광장에서 오케스트라 연주하는 모습'이라고 입력하고, 이미지 생성을 했더니 아래와 같은 그림이 완성되었습니다.

[그림 2-4-4] 투닝에서 글로 이미지를 생성한 경우(Text to Toon AI)

④ 메뉴 중 요소에서 음악으로 검색하면 음표, 악기 등이 검색됩니다. 이를 활용하면 학생들이 웹툰 이미지를 쉽게 완성할 수 있습니다. 아래 예시처럼 음악 이론을 카드 뉴스 형태로 만들고 SNS에 공유할 수도 있습니다.

[그림 2-4-5] 투닝의 음악 요소를 활용하여 제작한 카드 뉴스

밴드랩(BandLab)[21]은 무료 작곡 프로그램으로, 선율과 코드를 입력하고 다양한 악기 음색과 샘플 사운드를 추가하여 전문가가 만든 음원처럼 완성해주는 도구입니다. 가사를 AI가 분석하고 음원을 자동으로 만들어주는 SongStarter 기능도 있습니다. 모바일 버전에서는 앱을 설치하여 실행하며, 웹 버전에서는 밴드랩 사이트에 크롬 브라우저로 접속합니다. 구글 계정으로 무료 가입 해서 간편 로그인합니다.

음원을 제작할 때에는 밴드랩 메인 화면에서 Create – New Project를 클릭합니다. New Project를 클릭하면 비어 있는 화면에 곡을 채우게 되고, SongStarter를 클릭하면 AI의 도움으로 음원을 추천받아 편집할 수 있습니다.

[그림 2-5-1] 밴드랩에서 음악 창작을 시작하는 2가지 경로

가. New Project로 캠페인송 배경 음원 만들기

① 21쪽에서 소개한 장애 인식 개선 캠페인송 음원은 밴드랩으로 제작했습니다. New Project를 실행하면 다음과 같은 팝업이 뜹니다. 이 중에서 Instruments를 클릭합니다.

---

21) bandlab.com

① Voice/Mic: 목소리, 연주 녹음
② Instruments: 가상악기 추가
③ Drum Machine: 드럼 비트
　입력
④ Sampler: 샘플 사운드 삽입
⑤, ⑥ Guitar, Bass: 기타와
　베이스를 컴퓨터에
　연결해서 연주
⑦ Import Audio/MIDI: 기존의
　음원 추가
⑧ BandLab Sounds: 밴드랩이
　제공하는 음원 추가

[그림 2-5-2] New Project 팝업 메뉴 설명

② 음원 편집 창 윗부분에 제목을 씁니다. 음악의 속도, 박자, 조성을 선택합니다. 녹음 버튼을 클릭하고 피아노 건반을 누르면 음이 입력됩니다. 웹 버전 밴드랩에서는 컴퓨터 키보드를 피아노 건반 누르듯이 누르면 쉽게 입력이 됩니다. 악기 음색은 피아노 건반 왼쪽의 Instrument를 클릭하면 선택할 수 있습니다.

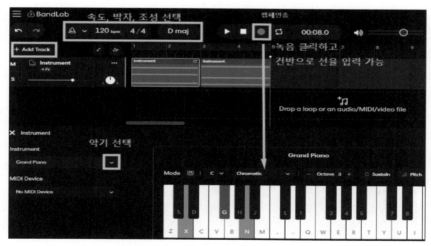

[그림 2-5-3] 밴드랩에서 선율 입력하는 경로

③ 녹음한 음원을 편집할 때에는 선율이 입력된 영역을 더블클릭하면 화면 아래에 선율 편집 창이 생깁니다. 선율 막대를 움직이며 음높이나 길이를 조절합니다. 화면 왼쪽의 +12, -12를 클릭하면 옥타브 이동도 가능합니다.

[그림 2-5-4] 밴드랩에서 선율 편집하는 방법

④ Add Track을 클릭하여 Drum Machine을 추가합니다. 드럼 비트가 기본으로 입력되며, 화면 위의 드럼 영역을 더블클릭하면 드럼 편집 창이 생깁니다.

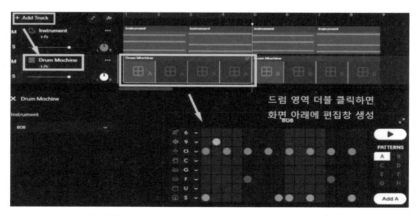

[그림 2-5-5] 밴드랩에서 드럼 비트 입력하는 방법

⑤ 캠페인송 선율은 Add Track을 클릭하고 Instrument 또는 Voice/Mic를 선택하여 입력합니다. 완성본은 Save를 클릭해서 저장합니다. 화면 왼쪽의 삼선 아이콘 – Project – Download – Mixdown As를 클릭하여 모든 트랙을 합친 음원을 다운받습니다.

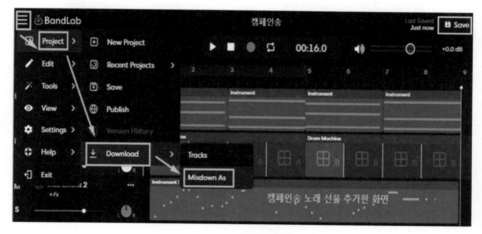

[그림 2-5-6] 밴드랩에서 음원 다운받는 경로

나. SongStarter로 AI 추천 음악 편집하기

어떻게 작곡을 시작할지 막막하다면 AI의 도움으로 작곡에 영감을 받을 수 있습니다. 밴드랩이 무작위로 들려주는 음악을 듣거나, 50자 이내로 음악과 관련된 문장을 입력하여 추천받은 음원을 듣고 마음에 드는 곡을 편집하는 메뉴입니다. 영어 교과와 융합수업을 진행하여 영작한 문장을 입력하고, 음악 창작으로 연계하는 수업도 가능합니다.

① 밴드랩 메인 화면에서 Create를 클릭하고, SongStarter를 선택합니다.
② 주사위 아이콘을 클릭하면 무작위로 들려주는 음원 플레이어로 넘어갑니다. 창작자의 의도를 조금이라도 더 넣기 위해, Enter Lyric을 클릭해봅시다.

[그림 2-5-7] SongStarter의 메인 화면에서 Enter Lyric 클릭

③ 떠오르는 가사 또는 생각을 50자 이내로 입력합니다(예: Friday Night) 추천 음악은 총 3개의 분위기로 나옵니다. 분위기는 밤, 낮, 해 질 녘을 상징하는 아이콘으로 표현됩니다. 원하는 분위기를 선택하여 Use in Studio를 클릭합니다.

[그림 2-5-8] 입력한 문장과 어울리는 음악을 AI가 추천한 모습

④ 음원 편집 화면으로 넘어왔습니다. 밴드랩이 이미 완성한 음원을 활용해 악기나 효과음 등을 추가하고 편곡합니다. AI 자동 추천 기능 덕분에 미디 창작도 이렇게 쉬워집니다.

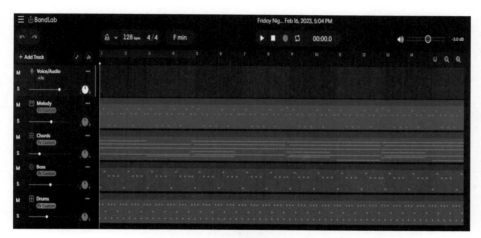

[그림 2-5-9] AI가 추천한 음원을 편집할 수 있는 화면

캔바: 디자인 전문가처럼 영상, 이미지 자료 만들기

캔바(Canva)[22]는 프레젠테이션, 포스터, 플래시카드, 유튜브 미리보기 화면 등 각종 템플릿이 미리 준비되어 있는 사이트입니다. 디자인을 모르는 사람도 캔바에서 요소를 선택하고, 글자만 수정하면 전문가처럼 결과물을 완성할 수 있습니다.

[그림 2-6-1] 캔바의 프레젠테이션 메뉴에서 제작한 동아리 안내판

크롬 브라우저를 활용하여 캔바에 접속하고, 구글 계정으로 간편 로그인을 합니다. 모바일에서는 캔바 앱을 설치해서 접속합니다. 교사는 캔바의 프로 기능(연 120달러)에 버금가는 교육용 기능을 무료로 사용할 수 있습니다. 재직증명서를 첨부하여 교육용 인증을 받습니다.

 [QR 2-6-1] 캔바 교육용 인증 받는 방법 설명서[23]

---

22) canva.com
23) ior.ad/8jIE

가. 캠페인송, 랩 뮤직비디오 만들기

캔바는 이미지 형식의 작업뿐만 아니라 영상 제작, 편집도 가능합니다. 앞에서 소개한 캠페인송 뮤직비디오(29쪽), 소설 오디오북(74쪽)도 캔바로 제작했습니다.

① 캔바에 로그인해서 보이는 메인 화면입니다. 검색창 아래의 동영상을 클릭합니다. 프레젠테이션을 클릭하면 PPT 형태의 화면을 제작할 수 있습니다.

[그림 2-6-2] 캔바 메인 화면에서 동영상 편집 화면에 진입하는 경로

② 동영상 편집 화면 왼쪽에서 이미지, 텍스트, 동영상, 음원 등의 아이콘을 클릭해서 영상을 편집합니다. 아래 화면은 동영상 메뉴에서 '시각장애'라고 검색해서 클립 영상을 추가하고 오디오를 클릭하여 캠페인송 음원을 추가한 상태입니다. 텍스트 메뉴를 클릭해서 글씨도 추가했습니다.

[그림 2-6-3] 캔바의 동영상 편집 화면(텍스트, 오디오, 동영상 기능 활용)

③ 완성본은 화면 오른쪽의 공유 – 다운로드를 클릭해서 저장합니다. 검색창에서 구글 계정을 입력하면 학생, 동료 교사 등을 초대하여 협업할 수 있습니다.

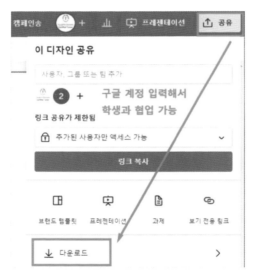

[그림 2-6-4] 캔바에서 작품 다운로드하는 경로

랩 뮤직비디오 제작도 해보았습니다. 수업 시간에 랩 가사를 쓰고, AI 작곡 사이트인 아이바로 랩에 어울리는 배경음악을 만든 후에 노래하는 모습을 녹화하여 제작했습니다.

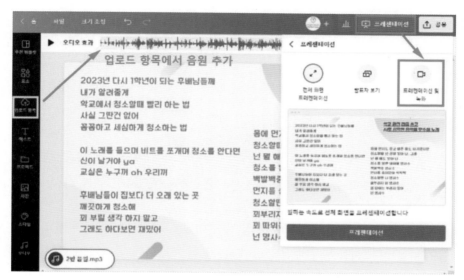

[그림 2-6-5] 캔바의 프레젠테이션 메뉴에서 뮤직비디오 제작, 녹화

캔바의 메인 화면에서 프레젠테이션 메뉴로 진입하여 추천 템플릿으로 배경 화면을 고르고, 화면에 랩 가사를 씁니다. 위 화면의 왼쪽에 있는 업로드 항목을 클릭하여 아이바가 작곡한 음원을 업로드하고, 편집 화면에 음원을 추가합니다. 화면 상단의 프레젠테이션 – 프레젠테이션 및 녹화를 클릭하면 영상 녹화가 가능합니다.

나. 음악 플래시카드 만들기

음악 이론을 공부할 수 있는 플래시카드를 학생들과 제작할 수도 있습니다. 캔바 메인 화면에서 디자인 만들기 – 플래시카드를 검색합니다.

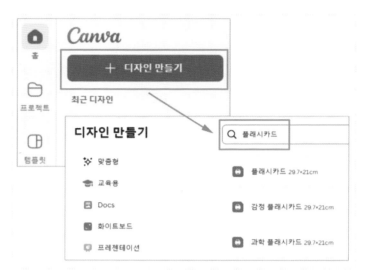

[그림 2-6-6] 캔바 메인 화면 – 디자인 만들기 – 플래시카드 검색

플래시카드 편집 화면의 검색창에서 '음악'이라고 검색하면 다양한 플래시카드 샘플이 나옵니다. 이를 활용해 음악 플래시카드를 제작합니다. 교사가 화면 오른쪽에 있는 공유를 클릭하여 학생을 초대하면 협업도 가능합니다.

[그림 2-6-7] 캔바에서 음악 플래시카드 제작하는 화면

07 북 크리에이터: 학급 협업으로 국악기 책 만들기

북 크리에이터(Book Creator)[24]는 책을 제작할 수 있는 사이트로, 학생이 혼자서 또는 여럿이 협업하여 여러 자료를 삽입하여 책을 만들 수 있습니다. Log in을 클릭하여 구글 계정으로 간편 로그인을 합니다(Sign in with Google 클릭).

[그림 2-7-1] 북 크리에이터 메인 화면

교사와 학생은 각각 권한을 다르게 선택하여 입장합니다. Switch(변경) 아이콘을 선택하면 역할 변경이 됩니다.

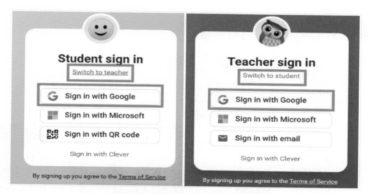

[그림 2-7-2] 좌: 학생 역할 / 우: 교사 역할 로그인 화면

---

24) bookcreator.com

북 크리에이터가 제공하는 신문, 만화책, 잡지 등의 템플릿을 선택하거나 백지 상태에서 다양한 요소를 삽입하여 책을 제작할 수 있습니다.

[그림 2-7-3] 북 크리에이터에서 제공하는 템플릿

가. e-Book 만들기

북 크리에이터로 국악기 수업을 하면서 교과서에 있는 설명만 읽지 않고, 스스로 검색하여 악기 책을 만드니 학생들은 악기를 더 재미있게 공부할 수 있었습니다. 에듀테크를 활용하여 디지털 소양도 쌓고, 미적 감각도 향상시키는 수업이었습니다.

[그림 2-7-4] 북 크리에이터와 캔바로 제작한 국악기 소개 책

① 책 제작 전에 국악곡 감상 수행평가를 진행해 국악기의 음색과 특징을 알아보았습니다. 이후 모둠별로 악기에 대한 자료를 수집했습니다. 모둠 편성은 국악기를 제작하는 8가지 재료(금, 석, 사, 죽, 포, 토, 혁, 목)나 국악의 다양한 장르(산조, 농악, 제례악 등)를 기준으로 했습니다. 학생들은 모둠에서 국악기를 하나씩 담당하고 연주법, 제작법, 역사를 비롯하여 국악기가 어떤 곡에서 연주되는지 자료를 수집했습니다.

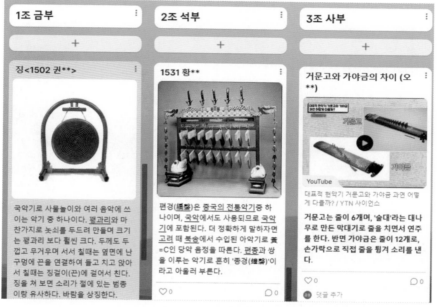

[그림 2-7-5] 악기 재료에 따른 모둠을 편성하고 악기 자료를 패들렛에 공유

② 북 크리에이터에서 책 제작을 협업하는 방법은 크게 2가지입니다. 하나의 책을 학급 전체가 동시에 협업해 만드는 방법과, 각 모둠별로 협업하여 책을 만든 후 전체 모둠의 책을 병합하는 방법입니다. 교사 권한으로 초대 코드를 생성하여 학생들을 라이브러리에 불러오고, 협업을 시작합니다.

[QR 2-7-1] 북 크리에이터에서 라이브러리, 초대 코드 생성하는 법 설명서[25]

③ 북 크리에이터는 크롬북에서 가장 쉽게 제작할 수 있습니다. 학생들은 모둠별로 협의하며 책을 자유자재로 꾸몄습니다. 글, 사진, 영상, 음성 삽입 등이 가능하여 입체적인 음악책을 만들 수 있습니다.

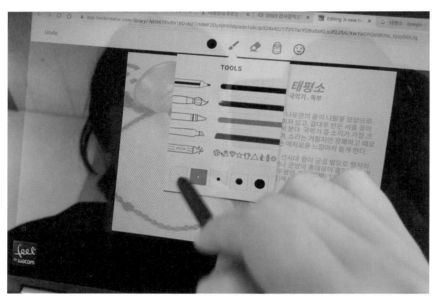

[그림 2-7-6] 북 크리에이터의 펜 기능을 활용하여 꾸미는 모습

---

25) ior.ad/90RQ

[QR 2-7-2] 가입, 초대 코드 입력, 템플릿에서 글과 사진 입력하는 법26)

[QR 2-7-3] 말풍선에 글 입력, 영상 삽입, 페이지 삭제, 캔바 추가하는 법27)

[QR 2-7-4] 모둠원을 책에 초대, 여러 책을 합본하는 법28)

④ 북 크리에이터에서 무료 디자인 도구인 캔바, 구글 지도, 구글 드라이브를 학생들이 활용하도록 교사가 추가할 수 있습니다. Teacher Dashboard의 APPS – Canva – Enable app을 클릭해서 추가합니다. 단, 구글 지도는 북 크리에이터 유료 계정에서만 이용이 가능합니다.

[그림 2-7-7] Teacher Dashboard에서 앱 추가하는 경로

이렇게 설정하면 구글 드라이브에 저장된 사진을 추가하고, 외국에서 수입된 국악기의 경로를 구글 지도로 표시할 수 있습니다.

---

26) ior.ad/8x0Q
27) ior.ad/8yiJ
28) ior.ad/8zmG

[그림 2-7-8] 책에 구글 드라이브에서 사진을 추가하고 구글 지도를 삽입한 화면

　북 크리에이터에는 한국어가 지원되는 글씨체가 한정적인데, 캔바를 사용하면 다양한 글씨체 및 디자인으로 책을 세련되게 꾸밀 수 있습니다.

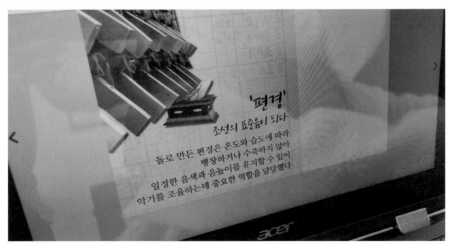

[그림 2-7-9] 북 크리에이터와 연동된 캔바에서 글씨 및 책 디자인 꾸미기

　⑤ 학생들이 각 모둠별로 제작한 책은 학급별 1권으로 합본하고, '국악책 완성본'이라는 라이브러리로 이동시켰습니다.

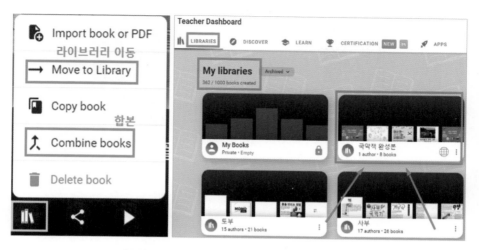

[그림 2-7-10] 책 합본, 라이브러리 이동하는 경로

⑥ 완성된 책은 한 권씩 또는 라이브러리 전체를 출판해서 다른 사람들에게 공유합니다.

[그림 2-7-11] 학급별 책을 모은 라이브러리를 출판한 화면

[QR 2-7-5] 완성한 책 또는 라이브러리를
출판하는 법29)

[QR 2-7-6] 학급 협업으로 완성한
국악기 소개 책30)

나. 종이책 만들기

이렇게 완성한 책은 e-Book 형태뿐만 아니라 제본하여 종이책으로도 만들었습니다. 종이책은 학교 출입구와 도서관에 비치하여 학생들과 교사들이 직접 읽을 수 있도록 했습니다. 종이책을 제작하니 학생들은 책을 손으로 만지는 기쁨을 느끼고, 동료 교사들에게 에듀테크 도구의 필요성을 홍보할 수 있었습니다.

[그림 2-7-12] 종이책으로 제본한 국악기 책

① 북 크리에이터의 My Libraries에서 제본할 책이 들어 있는 라이브러리를 클릭하고, 책 아래의 공유 – Print – 화살표 아이콘을 클릭해서 PDF로 저장합니다.

---

29) ior.ad/90S5
30) bit.ly/국악기책

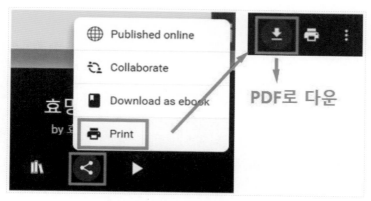

[그림 2-7-13] 종이책 제본을 위해 PDF로 다운로드하는 경로

　다운받은 PDF를 수정할 때에는 PDF 편집 사이트에 접속합니다.[31] 다른 책과 합본, 쪽수 삽입, 이미지 파일로 변환할 때 유용합니다.

　② 제본업체는 원고를 PDF 파일 그대로 제작해주는 장점이 있으나, 테두리 여백이 남습니다. 위에서 소개한 PDF 편집 사이트에서 여백 제거를 해도 해결되지 않는 문제입니다.

　대개 제본업체에서 풀 페이지 인쇄를 할 때에는 원고의 테두리가 3밀리미터 정도 잘려 나갑니다. 예컨대 아래 화면에서 파란 영역 바깥 부분에 있는 글자가 함께 잘립니다. 따라서 풀 페이지 인쇄를 염두에 둔다면, 북 크리에이터에서 책을 제작할 때부터 테두리 3밀리미터를 남겨두고 그 안쪽으로 글을 써야 합니다.

[그림 2-7-14] 좌: PDF에서 보이는 테두리 여백 / 우: 인쇄 시에 3밀리미터 잘리는 테두리

---

31) 예: www.i2pdf.com

데스모스(Desmos)[32]는 원래 그래픽 계산기, 공학용 계산기, 기하학 도구 등으로 수학 수업을 하는 사이트이지만 음악 수업에서도 충분히 응용 가능합니다. 예컨대 다양한 음악 퀴즈를 제시하고, 기존에 제작한 학습지와 PDF 파일을 이미지 형식으로 변환하여 배경 화면으로 설정하면 학생들이 필기를 하고 교사가 피드백을 줄 수 있습니다.

관악기, 현악기, 타악기에 해당하는 악기 사진을 맞추어 주세요. 글자 위에 사진을 올리면 결합됩니다.

관악기

타악기

현악기

[그림 2-8-1] 데스모스 액티비티에서 악기 이름 맞히는 퀴즈 제시

데스모스 액티비티의 큰 장점은 3가지입니다.

① 무료로 무제한의 학생들을 초대할 수 있습니다. 구글 계정으로 간편 가입만 하면 됩니다.

② 에듀테크 수업에서 학생들과 쌍방향 소통을 하기에 최적의 도구입니다. 학생들이 어떤 답을 썼는지 교사가 모니터하고, 피드백 전송 창에서 학생에게 의견을 보내는 것도 가능합니다.

---

32) www.desmos.com

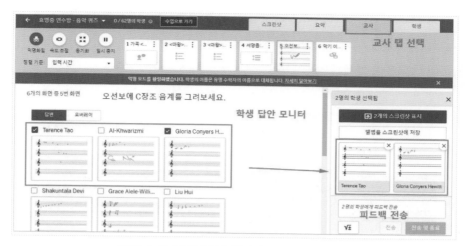

[그림 2-8-2] 데스모스 액티비티의 교사 대시보드

③ 수업 관리 및 통제를 효과적으로 할 수 있습니다. 학생이 과제를 어느 페이지까지 완료했는지, 어떤 문제를 풀었는지 진도표 형식으로 확인할 수도 있습니다. 구글 클래스룸과 연동하면 클래스룸에 등록된 학생의 실명이 보입니다. 익명화를 클릭하면 학생 이름이 수학자 이름으로 변환되어, 답을 익명으로 처리한 상태에서 보여줄 수도 있습니다.

	1. 1. 학교...	2. 2. 학교...	3. 3. 선생...	4. 4. 오선...	5 관악기, ...
Hoang Xuan Sinh	✓	●		●	✕
Shakuntala Devi	✕	●	●	●	✓
Liu Hui	✕	●	●	●	✓
Sun-Yung Alice ...	✕	●	●	●	●
Britney Gallivan	✕	●	●	●	✕
John Sims	✕	●	●	●	✓
Mariel Vázquez					✕

[그림 2-8-3] 교사 대시보드에서 보이는 학생 참여 상황

특정 학생이 진도가 느리거나 너무 빠를 경우 학급 전체의 수업 속도를 조절할 수 있습니다. 과제 페이지를 일부 선택하여 속도 조절을 클릭하면, 선택한 화면에만 학생들이 머무르며 과제를 하게 됩니다.

[그림 2-8-4] 화면 제한 기능으로 학생들의 진도 조절

가. 교사용 데스모스 시작하기

① 데스모스 메인 화면에서 '교사'를 클릭하거나 교사용 데스모스[33])에 바로 입장합니다.

[그림 2-8-5] 데스모스 메인 화면에서 '교사' 선택

---

33) teacher.desmos.com

② 교사용 데스모스 화면입니다. 무료 교사 회원가입을 클릭하고 구글 계정으로 간편 로그인을 합니다. 학교 구글 계정으로 가입하면, 구글 클래스룸과 연동되어 학생들을 편리하게 데스모스로 불러올 수 있습니다.

[그림 2-8-6] 교사용 데스모스에서 회원가입

③ 로그인 후 진입하는 화면의 왼쪽 메뉴에서 수업을 생성할 수 있습니다.

desmos classroom

홈

인기 항목 **1**
추천 컬렉션

교사용 항목
대시보드 기록 **2**
수업 **3**
커스텀 액티비티 **4**
컬렉션

① 인기 항목, 추천 컬렉션: 예제 템플릿 가져오기

② 대시보드 기록: 기존에 생성한 수업, 학생들이 제출한 과제 확인
③ 수업: 과제 부여
④ 커스텀 액티비티: 수업 생성
(이곳에서 액티비티 아이콘 클릭)

[그림 2-8-7] 교사용 데스모스 메뉴 해설

나. 퀴즈 만들기

메뉴 중 커스텀 액티비티 – 새 액티비티를 클릭하여 수업을 생성하고, 오른쪽의 점 3개를 클릭하여 액티비티 편집을 할 수 있습니다.

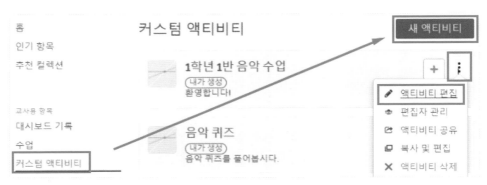

[그림 2-8-8] 학생 참여형 액티비티(활동) 생성 및 편집 경로

화면 왼쪽에 보이는 액티비티 편집 메뉴 중, 음악 수업에 활용하기 좋은 메뉴만 소개합니다. 화면 위의 + 아이콘을 클릭해 문제를 추가합니다.

1) 메뉴 소개

① [자유 변] : 자유로운 주관식 문항을 만들 때 사용합니다. 다른 학생의 답변을 참고할 수 있는 설정도 가능합니다. 학생이 답안을 제출할 때에는 사진 촬영본, 녹음 파일도 첨부할 수 있습니다.

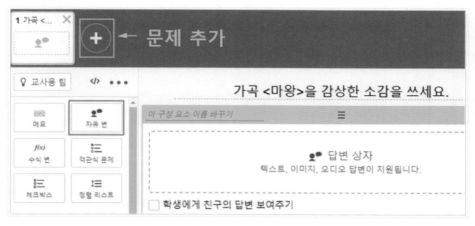

[그림 2-8-9] 자유 변: 주관식 퀴즈 문항

② ![객관식 문제] : 답을 하나만 선택하는 객관식 문제를 낼 때 사용하며, 그래프와 이미지도 문제에 추가할 수 있습니다.

<마왕>의 작곡가는 누구인가요?

이 구성 요소 이름 바꾸기

○ 베토벤 ✕

○ 브람스 ✕

○ 슈베르트 ✕

선택지 추가 ➕ 그래프 ➕ 이미지

[그림 2-8-10] 객관식 문제

③ ![체크박스] : 객관식과 비슷하지만, 중복 답안을 체크할 때 사용합니다.

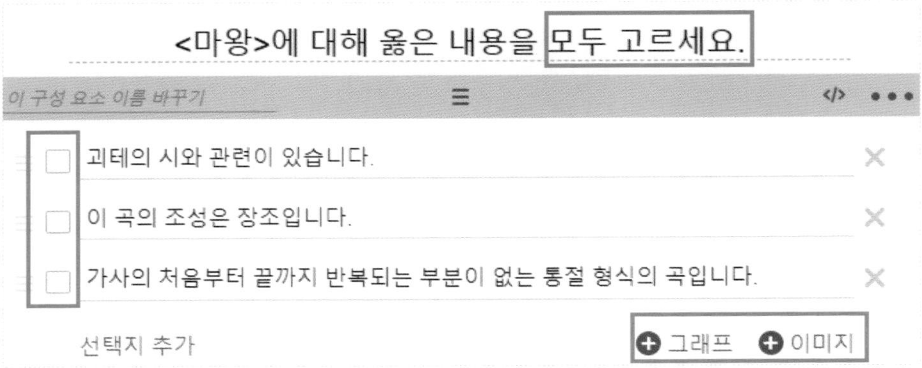

<마왕>에 대해 옳은 내용을 모두 고르세요.

이 구성 요소 이름 바꾸기 ≡ </> •••

- ☐ 괴테의 시와 관련이 있습니다. ✕
- ☐ 이 곡의 조성은 장조입니다. ✕
- ☐ 가사의 처음부터 끝까지 반복되는 부분이 없는 통절 형식의 곡입니다. ✕

선택지 추가 ➕ 그래프 ➕ 이미지

[그림 2-8-11] 체크박스(중복 답안 가능)

④  정렬 리스트 : 순서를 움직여서 배열할 때 사용합니다.

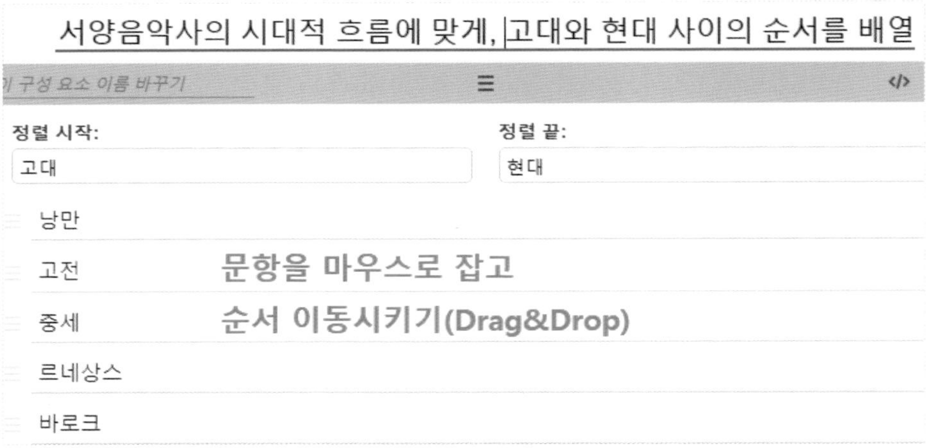

서양음악사의 시대적 흐름에 맞게, 고대와 현대 사이의 순서를 배열

이 구성 요소 이름 바꾸기 ≡ </>

정렬 시작:

고대

정렬 끝:

현대

낭만

고전   문항을 마우스로 잡고

중세   순서 이동시키기(Drag&Drop)

르네상스

바로크

[그림 2-8-12] 정렬 리스트

⑤  그림판 : 배경 화면을 설정하는 기능입니다. 커스텀 이미지를 클릭하면, 오선보를 비롯하여 기존의 학습지도 배경 화면으로 설정할 수 있습니다. 단, 이미지 확장자만 설정할 수 있으므로 PPT나 PDF 파일은 이미지로 변환해서 사용합니다. 메뉴 중 미디어와 비슷하지만 그림판은 필기가 가능하고, 미디어는 이미지를 보기 권한

으로만 제시한다는 차이점이 있습니다. 그림판과 미디어 모두 16:9 비율의 이미지를 사용하기에 최적화되어 있습니다.

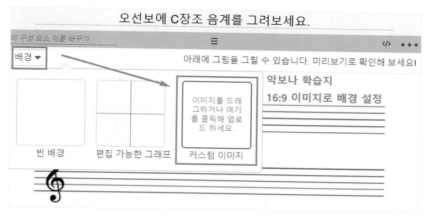

[그림 2-8-13] 그림판: 오선보나 학습지 이미지(16:9)를 배경으로 활용

⑥ ![카드 정렬] : 짝 맞추기 퀴즈용으로 좋습니다. 카드 유형을 클릭해서 이미지를 추가하고, 정답 수정을 클릭해 정답 설정도 할 수 있습니다.

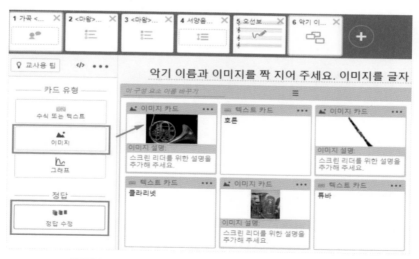

[그림 2-8-14] 카드 정렬: 짝 맞추기 게임 및 정답 설정 가능

⑦ 출제한 퀴즈가 화면 위에 순서대로 보입니다. 발행을 클릭해서 최종 저장합니다.

[그림 2-8-15] 발행 클릭해서 최종 저장하기

[QR 2-8-1] 교사용 데스모스 액티비티 설명서
(수업 배정, 대시보드 접속 등)[34]

[QR 2-8-2] 학생용 데스모스
액티비티 설명서[35]

2) 수업 배정하기

발행을 누르면 아래와 같은 화면으로 넘어갑니다. 수업 배정을 클릭하면, 2가지 방식으로 퀴즈를 공유할 수 있습니다.

[그림 2-8-16] 수업 배정하는 2가지 방법

---

34) ior.ad/7Eoz
35) ior.ad/7EoJ

① 수업에 배정하기: 클래스룸과 연동되어 데스모스 액티비티 퀴즈를 과제로 배포합니다.

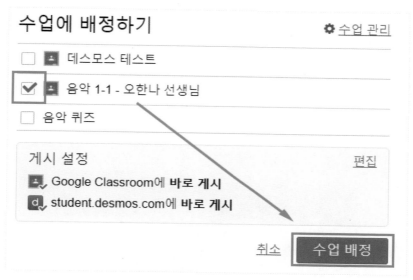

[그림 2-8-17] 클래스룸을 선택하고 수업 배정하기

② 단일 세션 코드: 초대 코드를 생성해서 링크만으로 학생을 초대합니다. 스마트폰에서도 크롬 브라우저로 링크에 접속하면 퀴즈를 풀 수 있습니다.

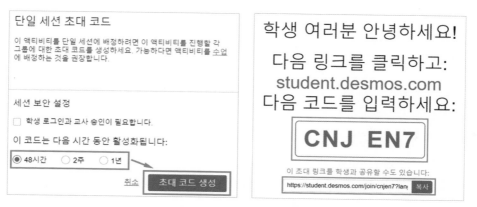

[그림 2-8-18] 초대 코드와 액티비티 주소를 학생에게 공유하기

아이오라드: 수업의 격차를 줄이는 설명서 만들기

아이오라드(Iorad)[36]는 여러 단계의 설명서를 순서대로 제작하는 사이트이며, 에듀테크 사용법을 효과적으로 설명하기에 적합합니다. 학생들은 로그인 경로, 파일 업로드 경로 등의 기능적인 질문들을 많이 하는데, 아이오라드를 활용하면 효율적으로 설명할 수 있습니다.

[그림 2-9-1] 북 크리에이터 설명서를 아이오라드로 제작한 예시

아이오라드는 화면을 캡처하면 클릭한 영역을 자동으로 표시해주고, 여러 단계의 설명서를 하나의 링크로 공유할 수 있습니다. 설명글을 읽어주는 AI 음성 기능은 교사의 목소리를 대신하기도 합니다. 수업을 준비하고 진행하는 과정이 아이오라드 덕분에 편해집니다.

① 아이오라드에 크롬 브라우저로 접속하고, 구글 계정으로 무료 가입 합니다. 교사는 월 10달러를 결제하면 캡처 화면에서 개인 정보를 가려주는 모자이크 기능과 AI 음성 안내 기능을 무제한으로 쓸 수 있습니다(무료 계정에서는 설명서 2개만 가능).

② 로그인 후 Capture 아이콘을 클릭하고, Start Web Capture를 클릭하여 설명하고자 하는 사이트를 순서대로 캡처합니다. Desktop을 클릭하면 컴퓨터에 아이오라

---

36) iorad.com

드 프로그램을 설치하고 컴퓨터 화면을 캡처할 수 있습니다. 모바일 기기를 컴퓨터 화면에 미러링하여 캡처도 가능합니다.

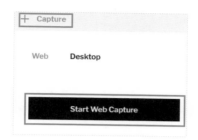

[그림 2-9-2] 아이오라드에서 캡처하는 법

③ 아이오라드는 번역 기능을 지원하며, 설정(톱니바퀴) 아이콘을 클릭하면 다른 언어를 선택하는 것이 가능합니다. 한국어가 서툰 다문화 가정의 학생은 번역 기능을 활용하여 설명을 읽도록 안내할 수 있습니다.

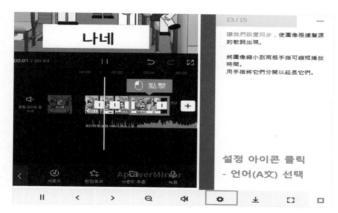

[그림 2-9-3] 아이오라드의 번역 기능을 활용한 예시

에듀테크 수업을 하면 로그인 성공 여부를 비롯하여 다양한 구간에서 진도 격차가 벌어집니다. 아이오라드는 진도 빠른 학생들이 예습하고, 진도 느린 학생들이 복습할 수 있도록 도와주는 고마운 도구입니다. 이 책에도 QR 형태로 아이오라드 설명서가 곳곳에 준비되어 있으니 유용하게 활용하시기 바랍니다.

구글로 신나는
음악 수업

인공지능 융합수업 가이드
(작곡 음악 국악)

전국 선생님들을 대상으로 다수의 구글 워크스페이스 연수를 진행하면서 깨달은 점이 있습니다. 구글 도구 사용법을 배우기 전에 구글 워크스페이스에 대한 전반적인 개념부터 알아야 한다는 사실입니다. 도구 사용법만 간단히 배우면 시간이 절약되지만, 원리를 파악하지 않고 무작정 따라 하니 자신만의 수업 방법을 창의적으로 개발하기 어렵습니다. 그래서 분량을 할애해서라도 구글 워크스페이스에 대한 원리부터 알려드리고자 합니다.

01 구글 워크스페이스 개념

원격수업을 시작한 2020년 이후, 학교에서도 '구글(Google)'이라는 단어를 많이 듣게 되었습니다. 처음엔 구글이 네이버와 같은 검색엔진 사이트인 줄만 알았습니다. 화면에 검색창 하나 달랑 있는, 매우 단순해 보이는 이 사이트의 뒤에는 어마어마한 기능이 숨어 있습니다.

[그림 3-1-1] 구글 검색엔진[1]

---

1) google.com

학교에서 접하는 구글 서비스의 정식 명칭은 '교육용 구글 워크스페이스(Google workspace for education fundamentals)'입니다. 구글 워크스페이스는 같은 조직에서 협업할 수 있는 구글 서비스 집합체를 말합니다. 학교, 회사, 교회, 성당 등 조직을 이루어 함께 일하는(Work) 공간(Space)에서 워크스페이스를 활용하면 업무 효율이 높아집니다.

가. 협업의 기적을 만드는 클라우드 서비스

구글 워크스페이스는 클라우드 기반이므로 구글 워크스페이스를 사용하는 교직원, 학생들이 협업할 수 있습니다. 구름이라는 뜻의 클라우드(Cloud)는 데이터를 인터넷 서버에 올려서 저장하는 기술입니다. 클라우드 기반의 데이터는 기존의 컴퓨터처럼 기기가 아닌, 구글 드라이브에 자동으로 저장됩니다. 인터넷과 구글 계정만 있으면 USB 없이도 드라이브에 저장된 자료에 접속할 수 있고, 자료의 접근 권한을 동료 교사나 학생들에게 부여하면 협업이 가능합니다.

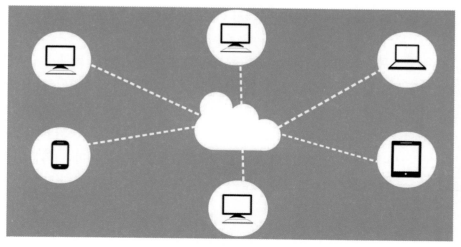

[그림 3-1-2] 클라우드 서비스 개념도[2]

---

2) pixabay.com

나. 구글 워크스페이스로 협업하는 방법

구글 메인 화면의 앱 버튼(=점 9개)을 클릭하면, 웹 앱 형태로 구글 서비스를 이용하는 도구 아이콘이 나옵니다. 구글 도구를 열면 화면 오른쪽에 🔒 공유 아이콘이 있어서, 이를 클릭하면 구글 워크스페이스에 있는 교직원, 학생 이름을 검색하고 파일 접근 권한을 줄 수 있는 팝업이 뜹니다.

[그림 3-1-3] 구글 도구에서 공유 권한을 설정해 협업하는 경로

같은 구글 워크스페이스에서는 학생, 교직원의 아이디를 몰라도 됩니다. 관리자가 검색을 허용한 경우, 공유 팝업에서 이름을 한 글자만 검색해도 자동 완성 기능으로 검색이 쉽게 됩니다. 학급 전체를 초대해서 협업할 때에도 학생 이름을 일일이 쓰지 않고 학급 그룹 ID만 검색창에 쓰면 됩니다.[3] 예를 들어, 202라고만 입력하고 편집자 권한으로 초대하면 2학년 2반 학생 전체와 협업을 할 수 있습니다. 이러한 원리로 같은 구글 워크스페이스를 쓰면 협업이 빨라집니다.

---

3) 각 학교마다 그룹 메일 계정의 형태가 다르며, 그룹 메일 설정을 안 한 경우도 있으니 각 학교 구글 관리자에게 문의하시기 바랍니다. 구글 그룹스(groups.google.com)에서 직접 학급 그룹을 만들어도 됩니다.

[그림 3-1-4] 같은 워크스페이스에서 이름과 그룹을 검색하여 공유하는 방법

다. 구글 계정 유형 3가지

여러분이 학교 현장에서 접하실 계정에는 크게 3가지 종류가 있습니다.

	학교 자체 계정	교육청 계정(예: 서울)	일반 계정
계정 형태	id@hmj.or.kr	id@sonline20.sen.go.kr	id@gmail.com

[표 3-1-1] 구글 워크스페이스 계정 종류 3가지

(1) 학교 자체 계정(예: id@hmj.or.kr)

ID 뒤에 학교 주소가 붙습니다. 학교에서 구글 본사에 워크스페이스 구축을 신청하고 승인을 받은 계정으로, 학교에 구글 워크스페이스 최고 관리자가 있습니다(예: 정보부장). 학교가 구글 계정의 주인이기 때문에, 주인 마음대로 학교 상황에 맞게 자유자재로 구글 워크스페이스 설정을 바꿀 수 있습니다.

(2) 교육청 발급 계정(예: id@sonline20.sen.go.kr)

ID 뒤에 교육청 도메인이 붙습니다. 교육청에 구글 워크스페이스 최고 관리자가 있고, 학교의 구글 담당자는 학교 계정 관리 등 제한적인 권한을 받은 '부분 관리자' 기능을 받습니다. 구글 계정을 쉽게 발급받을 수 있다는 장점이 있지만 '빌린 계정'

이기 때문에 학교 상황에 맞게 구글 워크스페이스 설정을 바꾸기가 어렵습니다. 구글 드라이브 저장 용량도 일반적으로 적게 받습니다.

지역	도메인	지역	도메인
강원	on.gwedu.go.kr	세종	edu.sje.go.kr
경기	gg*.goe.go.kr	울산	on.use.go.kr
경남	gne.go.kr, xx.gne.go.kr	인천	gclass.ice.go.kr
경북	sc.gyo6.net	전남	*.jne.go.kr
광주	gsuite.gen.go.kr	전북	g.jbedu.kr
대구	dge.go.kr	제주	onedu.jje.go.kr
대전	dje.go.kr	충남	g.cnees.kr
부산	pen.go.kr	충북	cberi.go.kr
서울	sonline20.sen.go.kr	경기와 전남은 초, 중, 고에 따라서 도메인 앞에 e, m, h가 붙습니다.	

[표 3-1-2] 전국 교육청에서 발급한 구글 워크스페이스 도메인 예시

(3) 일반 구글 계정(id@gmail.com)

gmail.com로 끝나는 계정은 워크스페이스 계정이 아닙니다. 구글 메인 화면에서 아무나 가입할 수 있고, 어떤 조직에 속하지도 않습니다. 이 계정으로는 학교 구글 워크스페이스 조직에서 교직원, 학생 이름이 검색되지 않기 때문에 워크스페이스 계정에 비해 협업이 제한됩니다.

이렇게 구글 계정의 3가지 유형을 살펴보았습니다. 이 책의 내용은 구글 워크스페이스 계정을 사용하는 학교에서 활용하기 좋습니다. 구글 워크스페이스를 직접 도입하거나 근무 중인 학교에 도입해달라고 건의하기를 추천합니다.

[QR 3-1-1] 학교 자체 계정 신청 방법4)

[QR 3-1-2] 교육청 계정 신청 방법5)

---

4) bit.ly/자체계정
5) bit.ly/교육청계정

CHAPTER 02 구글 도구를 활용한 학생 참여형 수업

구글 메인 화면에 보이는 앱 버튼을 클릭하면 30여 개의 도구(앱)가 나옵니다. 구글 도구는 실시간 협업이 가능하며, 자동 저장 기능이 있으므로 저장 아이콘이 없습니다. 구글 도구로 작업한 결과물을 다시 찾고 싶으면 해당 도구 아이콘을 클릭하거나 구글 드라이브에 들어가면 됩니다.

[그림 3-2-1] 구글 워크스페이스 도구

이 중에서 음악 수업에 활용하기 좋은 도구를 10가지만 선정하고, 학생 참여형 수업에서 활용한 사례를 알려드리겠습니다.

	도구명	단축 주소	주요 기능	모바일 앱[6]
	지도	X	내비게이션, 경로 공유 360도 스트리트 뷰	O
	내 지도	X	주제별 장소 레이어 분류 지도 공동 작업	X
	어스	X	지구본으로 장소 탐색 360도 스트리트 뷰, 공동 작업	X
	사이트	sites.new	포트폴리오 음악 신문 제작	X
	문서	docs.new	구글 버전 워드	O
	스프레드시트	sheet.new	구글 버전 엑셀	O
	프레젠테이션	slide.new	구글 버전 파워포인트	O
	설문지	form.new	자료 수합, 수행평가	X
	드라이브	X	구글에서 작업한 모든 결과물이 자동으로 저장되는 곳	O
	클래스룸	X	학습 관리 시스템 과제 제시, 수합, 채점, 공지	O

[표 3-2-1] 구글 도구 10가지 소개

---

6) 모바일(스마트폰, 태블릿)에 앱이 없는 경우에는 크롬 브라우저를 열고 화면 우측 점 3개 아이콘 – 데스크톱 체크를 한 이후에 구글 검색창에서 도구 이름을 검색하면 됩니다. 단, 어스는 컴퓨터에서만 접속이 가능합니다.

가. 지도 📍

구글 도구 중에는 세계를 탐색할 수 있는 지도(Maps), 내 지도(My maps), 어스(Earth)가 있습니다. 이 3총사는 기능이 비슷한 듯 다르지만, 음악 수업에서 학생들의 흥미를 끌어올리고 사회 교과와 자연스레 융합하도록 만든다는 점이 공통적입니다. 음악의 역사, 유래, 분포 등을 살펴볼 때 지도는 유용하게 사용됩니다. 단순히 교과서에 있는 지도를 구경하는 게 아니라, 학생이 지도를 직접 탐색하고 함께 지도를 채워가면서 역동적인 음악 수업을 만들 수 있습니다.

지도[7]는 내비게이션처럼 사용자가 찾는 장소를 검색하는 도구로, 네이버 지도와 유사합니다. 어떤 장소로 가는 경로 찾기, 교통수단 찾기, 거리 측정하기, 위성사진과 스트리트 뷰 살펴보기, 타인에게 지도 공유하기 등도 할 수 있습니다. 세계 음악과 관련된 수업에서 특히 유용합니다. 음악에 등장하는 장소를 직접 탐색하면 음악을 실감 나게 이해해서 연주 표현력이 더 좋아질 수 있습니다.

1) 샹젤리제를 스트리트 뷰로 탐방하기

'오~ 샹젤리제'라는 가사로 유명한 샹젤리제는 프랑스 파리의 개선문 앞에 있는 번화가의 이름입니다. <샹젤리제>로 가창 수업을 할 때, 동기 유발을 위해 구글 지도로 샹젤리제 탐방을 해보았습니다.

'거리를 걸으며 가벼운 맘으로 누군가를 만날 수 있는' <샹젤리제>를 군가처럼 딱딱하게 부르는 학생들이 많았는데, 샹젤리제가 어떤 곳인지 지도의 스트리트 뷰로 확인한다면 설레는 마음으로 부를 수 있겠다는 생각이 들었습니다. 스트리트 뷰는 세계의 여러 길과 장소를 360도로 볼 수 있는 기능으로, 음악 교과서에 등장하는 세계 각국을 직접 살펴볼 때 사용하면 좋습니다.

① 구글 지도에 접속하고, 화면 왼쪽의 검색창에서 '프랑스 샹젤리제'를 검색합니다.

---

7) map.google.com

[그림 3-2-2] 지도에서 검색한 프랑스 샹젤리제

② 웹 버전의 지도 오른쪽 아래에는 페그맨으로 불리는 아이콘( )이 있습니다. 페그맨을 마우스로 붙잡고 샹젤리제 거리 위에 떨어뜨립니다(Drag&Drop).

③ 개선문을 향하여 쫙 뻗은 샹젤리제 거리가 나옵니다. 마우스로 화면 가운데를 붙잡고 옆으로, 위로, 아래로 움직이면 거리를 360도로 탐색할 수 있습니다. 페그맨을 어느 위치에 떨어뜨리는지에 따라 스트리트 뷰의 모습도 달라집니다.

[그림 3-2-3] 지도의 스트리트 뷰로 360도 감상하는 샹젤리제 거리

모바일 버전의 지도에는 페그맨이 없으며, 아래 화면처럼 지도 왼쪽에 나오는 사진 미리보기 아이콘을 클릭해야 360도 관람이 가능합니다.

[그림 3-2-4] 모바일 버전의 지도

2) 〈푸니쿨리 푸니쿨라〉의 베수비오 화산을 위성으로 살펴보기

〈푸니쿨리 푸니쿨라〉는 19세기 말 이탈리아의 루이지 덴차가 창작한 노래로, 이탈리아 베수비오 화산으로 올라가는 열차인 푸니쿨라를 홍보하기 위해 작곡을 했다고 합니다.[8] 코러스에 등장하는 유명한 가사인 '얌모! 얌모!'는 이탈리아의 나폴리 방언으로 '가자! 가자!'라는 뜻입니다. 학생들이 영혼 없이 '얌모! 얌모!'를 노래할 때 구글 지도로 베수비오 화산을 탐색해봅니다. 화산의 실물을 보고 나면 마치 등산하는 기분이 들어서 힘차게 노래하게 됩니다.

① 구글 지도 검색창에서 베수비오 화산을 검색하면 평면적인 지도가 나옵니다.

---

8) "음악이 흐르는 아침 덴차 푸니쿨리 푸리쿨라", 〈한경닷컴〉, 2013.08.20.,
www.hankyung.com/life/article/2013082046221(접속일자: 2023.02.20.).

화산을 구체적으로 살피기 위해 지도 아래의 '레이어'를 클릭합니다. 레이어를 클릭하면 위성사진이 나오고, 베수비오 화산을 위에서 내려다보니 정상에 있는 분화구가 보입니다.

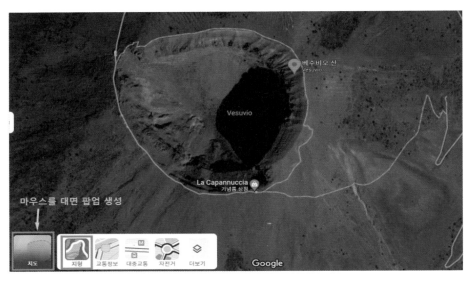

[그림 3-2-5] 지도의 레이어를 클릭해서 베수비오 화산을 위성사진으로 보는 경로

② 베수비오 화산의 높이도 살펴봅시다. [그림 3-2-5]처럼 화면 아래 지도 아이콘에 마우스를 대면 팝업이 나옵니다. 그중 '지형'을 클릭하면 등고선이 나오며, 베수비오 화산이 무려 1,200미터나 된다는 사실을 알 수 있습니다.

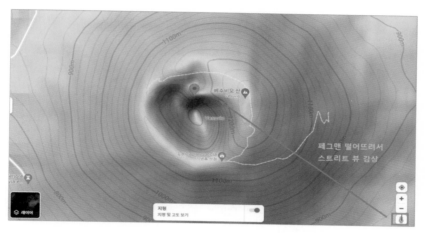

[그림 3-2-6] 지도의 지형 기능으로 등고선 확인

③ 화면 오른쪽의 페그맨을 화산에 떨어뜨려서 스트리트 뷰를 살펴봅시다. 화산의 등산로가 보입니다. 학생들은 베수비오 화산을 실감 나게 체험하고 <푸니쿨리 푸니쿨라>를 더욱 힘차게 노래하게 됩니다.

[그림 3-2-7] 스트리트 뷰로 감상하는 베수비오 화산의 등산로

나. 내 지도 📍

내 지도[9]는 원하는 장소를 모아서 자신만의 지도를 만드는 도구입니다. 앞서 살펴본 지도와 차별되는 특징은 레이어 기능이 있고, 다른 사람과 공동 작업을 할 수 있으며, 시청각 자료를 지도에 삽입할 수 있다는 점입니다. 도형을 그려서 영역 표시도 할 수 있습니다.

내 지도는 세계의 다양한 음악을 주제로 수업할 때 유용합니다. 다양한 문화권의 음악을 살펴보고 세계 각국에 대한 이야기를 나누면서 문화적 공동체 역량을 키우는 수업을 할 수 있습니다. 레이어 기능을 활용하면 교과 융합수업을 하기에도 편합니다.

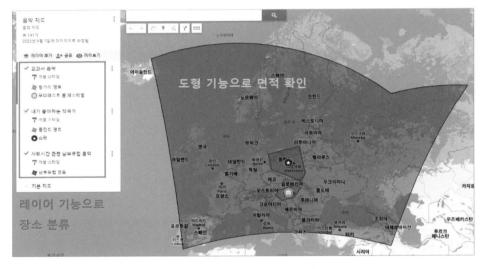

[그림 3-2-8] 내 지도의 레이어와 도형 기능

1) 나만의 음악 지도 만들기

학생들과 '나를 이야기하는 음악 찾기' 프로젝트를 한 적이 있습니다. 학생들이 각자 좋아하는 음악가, 악기, 음악 장르, 여행 가고 싶은 나라의 음악 등을 주제로 자

---

9) mymaps.google.com

료를 수집합니다. 예컨대 영국의 비틀스, 한국의 가야금, 미국의 재즈, 아르헨티나의 탱고와 관련된 글, 사진, 영상을 수집하고 내 지도에 표시합니다. 내 지도에 장소를 추가한 이후부터 음악과 관련한 글, 사진, 영상을 삽입합니다.

[그림 3-2-9] 내 지도 메인 화면

(1) 내 지도 생성, 자료 추가하기

① 내 지도의 메인 화면에서는 내 지도를 생성하거나 공유 받은 지도를 모두 확인할 수 있습니다. '새 지도 만들기'를 클릭합니다.

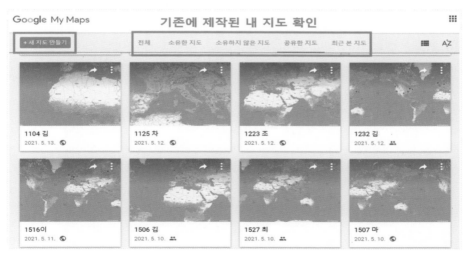

[그림 3-2-10] 내 지도를 생성하고, 기존의 내 지도를 확인하는 경로

② 지도 제목부터 변경하고(예: 학번+이름), 지도 검색창에서 음악과 관련된 장소를 검색해 클릭하면 내 지도에 표시됩니다. <밀양 아리랑>을 추가하기 위해 경상남도 밀양을 검색하고, 검색 결과를 클릭하니 지도에 연두색 아이콘이 지도에 표시되었습니다. 연두색 아이콘을 클릭하면 팝업이 뜨는데, '지도에 추가'를 클릭해서 장소를 저장합니다. 화면 왼쪽의 '제목없는 레이어' 아래에 밀양시가 저장됩니다.

[그림 3-2-11] 내 지도에서 장소명 검색하고 지도에 추가하는 경로

③ 내 지도에 추가된 밀양시를 클릭하면 팝업에서 편집 아이콘들이 보입니다. 이 아이콘들을 활용하여 <밀양 아리랑>에 대한 글, 영상 등을 삽입할 수 있습니다.

[그림 3-2-12] 내 지도의 장소 팝업에서 자료 삽입, 수정하는 방법

(2) 레이어 수정, 추가하기

겹친다는 뜻의 레이어(Layer)는 여러 장소를 같은 주제로 묶는 기능입니다.

① 레이어 이름 변경: 내 지도 왼쪽의
   '제목없는 레이어'를 클릭해서 변경

② 레이어 추가: 최대 10개까지 생성

③ 레이어 삭제: 점 3개를 클릭해서,
   '이 레이어 삭제'를 클릭. 삭제하면
   복구가 안 되며, 레이어에 속한 모든
   장소가 삭제

[그림 3-2-13] 내 지도의 레이어 수정, 추가, 삭제 방법

학생이 레이어를 정돈한 내 지도 목록입니다. 교과서에 나온 음악, 사회 수업에서 배운 동유럽과 관련된 음악 등으로 레이어를 만들고 장소를 분류했습니다.

[그림 3-2-14] 레이어 기능으로 장소를 분류한 예시

(3) 내 지도 공유 권한 설정하기

학생들이 만든 지도를 다른 사람들도 볼 수 있게 하려면 공유 권한 설정이 필요합니다. 주소 창에 있는 주소를 그대로 다른 사람에게 전달하면, 접근 제한 메시지가 뜹니다.

① 전체 공개하는 법: 공유를 클릭해서 '링크가 있는 사용자는 누구나 볼 수 있음'으로 설정하고, 팝업 아래의 링크를 복사합니다.

② 학교 구성원에게만 공개하는 법: 팝업에서 'Drive에서 공유'를 클릭하면, 공유 권한 팝업이 생깁니다. 일반 액세스를 학교 또는 교육청 이름으로 바꾸고 '뷰어' 권한을 줍니다. '링크 복사'를 클릭해서 다른 사람에게 공유합니다. 반대로 외부에 공개하고 싶으면 '링크가 있는 모든 사람들에게 공개'로 권한을 바꿉니다.

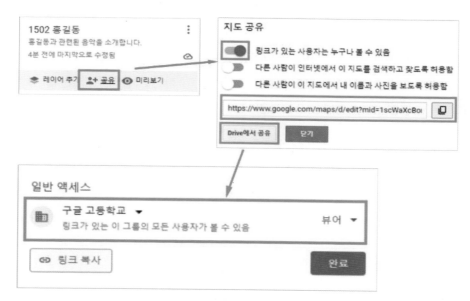

[그림 3-2-15] 내 지도 공유 및 공유 범위 설정하는 경로

이렇게 완성한 내 지도는 구글 사이트에 삽입하여 '나를 이야기하는 음악 사이트 만들기' 수업으로 연계했습니다(231쪽 참조).

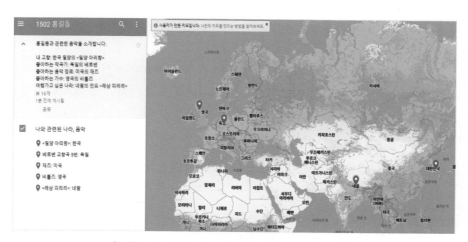

[그림 3-2-16] 나를 이야기하는 음악 내 지도 예시[10]

---

10) bit.ly/음악지도

2) 학급 공동으로 세계 음악 지도 만들기

　내 지도의 협업 기능을 활용하면 학급 공동으로 세계 음악 지도 만들기를 할 수 있습니다. 학기 말에 교과서 내용을 복습하면서 1인당 하나 이상의 장소를 내 지도에 표시하고 시청각 자료를 삽입하도록 했는데, 협업으로 순식간에 지도가 완성되어서 학생들이 신기해하고 뿌듯해하던 기억이 납니다. 학급 공동 지도를 제작할 때 중요한 포인트를 3가지 알려드리겠습니다.

[그림 3-2-17] 학급 공동으로 제작한 세계 음악 지도 예시[11]

　① 학급 공동 지도는 교사가 먼저 생성해서 주소를 배포하는 게 편합니다.
　② 학생이 장소를 입력하고, 제목에 학번과 이름을 쓰게 하면 실명제가 되어서 무임승차를 방지할 수 있습니다.
　③ 학급 학생들에게 편집 권한을 부여합니다. 내 지도 왼쪽의 '공유' – 팝업에서 'Drive에서 공유'를 클릭하고 학교 또는 교육청에 '편집자' 권한을 줍니다.

---

11) bit.ly/세계음악지도

[그림 3-2-18] 내 지도 공동 작업을 위해 '편집자'로 권한 설정

다. 어스

어스(Earth)[12]는 구글에서 제공하는 지도 시리즈의 끝판왕으로, 지도의 360도 스트리트 뷰와 내 지도의 공동 작업 기능이 합쳐졌습니다. 실제로 촬영한 우주 사진을 배경으로 지구본이 등장하고, 원하는 장소에 몇 초 만에 날아가는 모습은 마치 영화의 한 장면처럼 보입니다. 어스는 컴퓨터와 크롬북에서만 접속 가능하므로, 모바일 기기로 수업하는 경우 아래에서 설명하는 내용을 지도와 내 지도에서 응용하시면 됩니다.

[그림 3-2-19] 어스 메인 화면

---

12) earth.google.com

1) 유네스코 무형문화유산 지구본 만들기

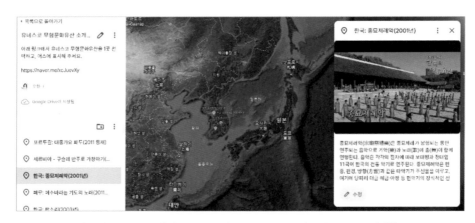

[그림 3-2-20] 협업으로 완성하는 유네스코 무형문화유산 지구본[13]

어스의 공동 작업 기능을 활용하여 학급 전체가 무형유네스코 문화유산 지구본을 만드는 활동을 했습니다. 세계의 문화유산을 지구본에 직접 표시하면서 다양한 문화권과 지리에 관한 감각을 익히고, 우리나라의 무형문화유산이 유네스코에 22개나 등재된 사실을 직접 확인하면서 자부심을 느낄 수 있었습니다. 아래의 QR코드처럼 교사가 어스에 프로젝트를 생성하고 주소를 학생들에게 공유합니다.

[QR 3-2-1] 어스에서 교사가 프로젝트를 생성하고, 공유 권한을 설정하는 법[14]

---

13) 예시: bit.ly/유네스코지구본 (모바일 접속 불가)
14) ior.ad/90TP

① 학생들은 교사에게 받은 어스 주소에 접속해서 지구본을 꾸밉니다. 인터넷에서 유네스코 무형문화유산을 검색하고, 나라 및 문화유산 이름을 지구본에 표시합니다. 검색창에서 지역 이름을 입력하고 프로젝트에 저장을 클릭하면 됩니다.

[그림 3-2-21] 어스에서 장소 검색 후 프로젝트에 추가하는 경로

② 프로젝트에 저장한 이후 팝업에서 업데이트를 클릭하고 제목 수정, 설명 및 미디어(영상, 사진) 삽입이 가능합니다.

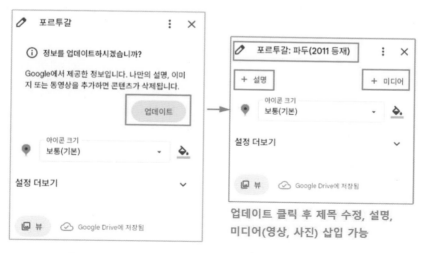

[그림 3-2-22] 장소와 관련해서 글, 이미지, 영상 추가하는 법

③ 프로젝트에 저장한 장소는 화면 오른쪽의 페그맨( )을 선택하고 장소를 클릭하여 3D로 탐색할 수 있습니다. 아래 화면은 2003년에 유네스코에 등재된 판소리와 관련된 장소로, <춘향가>에서 성춘향과 이몽룡이 처음 만난 남원의 광한루입니다. 이곳에서 그네를 타던 성춘향을 보고 홀딱 반했던 이몽룡의 이야기를 들려주고, 춘향가 중 <사랑가> 가창 수업을 하면 학생들이 훨씬 실감 나게 노래합니다.

[그림 3-2-23] 판소리 <춘향가>와 관련된 남원 광한루 탐방

2001년 유네스코에 등재된 <종묘제례악>으로 수업을 한다면 학생들이 종묘를 스트리트 뷰로 탐색하고 맷돌 위(등가), 아래(헌가)의 모습을 관찰해서 교과서의 내용을 실감 나게 이해할 수 있습니다. 이처럼 어스를 활용한 수업은 디지털 교과서와 연계된 실감형 콘텐츠의 모델이 됩니다.

한국: 종묘제례악(2001년 등재)

종묘제례악은 조선의 역대 제왕과 왕후의 신주를 모신 사당인 종묘에서 제향을 올릴 때 연행하는 악(樂), 가(歌), 무(舞) 전체를 통칭하는 넓은 의미의 악(樂)을 말한다. 종묘제례악은 제례의 절차에 따라 악대가 음악을 연주하고, 악장을 노래하며 춤을 춘다.

[그림 3-2-24] 〈종묘제례악〉을 연주하는 종묘 탐방

2) 위도로 살펴보는 동부민요조의 특징

지역마다 사투리가 있듯이 우리나라 민요에도 음악적 사투리인 '토리'가 있습니다. 각 토리별로 음계, 시김새 등이 달라서 지역마다 다른 민요의 개성이 드러납니다. 한반도의 동쪽에 위치한 함경도, 강원도, 경상도는 메나리토리(동부민요조)에 속하며, 사용하는 음계는 같지만 분위기는 확연히 다릅니다. 함경도와 강원도의 민요는 애원조와 탄식조 노래가 많고 경상도 민요는 밝고 경쾌한 노래가 많다고 알려졌지만, 어떤 이유 때문인지는 교과서에 나와 있지 않아서 의문이 생깁니다.

저는 기후와 지리적인 특성과 음악의 분위기가 연관 있다고 추측합니다.[15] 함경도, 강원도가 춥고 산맥이 험준하며, 경상도가 따뜻하고 지형이 평탄해서 벼농사가 잘된다는 사실이 사람들의 정서에도 영향을 끼쳤으리라고 봅니다. 그래서 어스를 활용하여 학생들과 함경도, 강원도, 경상도의 위도를 살펴보았습니다.

---

15) 몽테스키외의 〈법의 정신〉, 토인비의 〈역사의 연구〉, 헌팅턴의 〈문명과 기후〉 등에서 기후와 문명, 국민성을 연관시킨 사례가 있습니다. "[분수대] 기후와 국민성", 〈중앙일보〉, 2001.07.18., www.joongang.co.kr/article/4106733(접속일자: 2023.02.20.).

[그림 3-2-25] 위도로 살펴보는 함경도와 경상도

어스 메뉴 중 보기에서 격자선 표시를 클릭하면, 격자선을 사용할 수 있습니다. 위도는 세로선이며, 적도를 기준으로 북쪽 및 남쪽으로 얼마나 떨어졌는지를 나타내는 지표입니다. 같은 메나리토리에 속해도 함경도와 경상도의 위도가 얼마나 차이 나는지 확연히 보입니다. 이처럼 어스를 활용해서 민요의 특징을 새로운 시각으로 파악하고, 사회 교과와 자연스레 융합할 수 있습니다.

라. 사이트

사이트(Sites)[16]는 프로그래밍 언어를 몰라도 글, 사진, 영상을 삽입해 쉽게 웹페이지를 만드는 도구입니다. 다양한 구글 도구로 만든 자료를 사이트에 삽입하기 편하고, 공유 기능과 메뉴 생성 기능을 활용하면 타 교과와 융합수업도 할 수 있습니다. 개성 넘치는 음악 사이트, 인터넷 신문, 과제물을 전시한 포트폴리오 등을 만들기에 안성맞춤입니다.

---

16) sites.google.com

[그림 3-2-26] 좌: 모둠별 랩 발표 사이트 / 우: 나를 이야기하는 사이트 예시

1) 음악이 들리는 음악 신문 만들기

주요 기능: 제목 쓰기, 주소 생성, 공동 편집 권한, 자료 삽입, 유튜브 추가

　신문 제작 수업은 오래전부터 다양한 교과가 진행한 프로젝트 수업 방식으로, 학생들이 주체적으로 자료를 찾아 삽입하면서 완성합니다. 기존처럼 종이를 활용하여 음악 신문을 제작하면 음악을 들을 수 없지만, 사이트로 만든 인터넷 음악 신문에서는 음악과 영상까지 감상할 수 있습니다.

사운드 트랙의 종류

(Original) Soundtrack

가장 대표적인 형태이다. 아무래도 연주곡보다는 사람 목소리가 들어간 노래가 더 많이 팔리기 마련이고 그러다 보니 사운드트랙에도 영화의 스코어 음악보다는 노래 위주로 수록된 것들이 많이 나와 일반적으로 사운드트랙이라고 하면 '영화에 나왔던 노래를 모은 음반'이란 인식이 형성되어 있다.

Theme

분류할 때 종류보다는 OST의 하위 개념이라고 보는 것이 적절하다. 'OOO Theme'처럼 끝부분에 Theme가 붙은 음원은 수록되는 작품(영화, 드라마 등)의 캐릭터 혹은 장소의 이름을 따서 붙여진다.

Unused Soundtrack (미사용 사운드트랙)

위 미발표 사운드트랙과는 정반대로 사운드트랙을 위해 만들어진 곡이 있으나 실제 작품에서는 사용되지 않은 음악을 뜻한다. 주로 게임에서 게임 과 일 상으로는 존재하는 배경음악 사운드 파일이지만 실제로 게임상에선 사용되는 부분이 없는 경우가 대부분이며, 드라마나 영화에서도 OST 앨범엔 존재하나 정작 작품에선 사용되지 않은 경우가 해당된다.

여러가지 ost(1221오*석)

드라마

영화

OST로
알리는 영화

1418 은*민

영화에서 중요한 역할을 하고있는 OST가 가끔은 영화보다 더 유명해져서 영화를 알리는 노래가되기도합니다. 예시)

1) 대부(1972)- Love Theme From The Godfather
2) 레옹(1994)- shape of my heart
3)아마겟돈(1998)- don't want to miss

최초의 국내 OST

국내 영화계도 80년대 이후 오리지널 사운드 트랙이 활성화되면서 영화와 음반이 함께 출시되는 경우가 심심찮게 눈에띄게 됐는데 바로 이 OST의 국내 원조가 애니메이션이었다는 사실을 아는 이는 별로 많지 않다. 그 주인공은 바로 1976년 7월 개봉되었던 '로보트태권V'였다. '달려라 달려 로보트야~ 날아라 날아 태권브이~ 정의로 뭉친 주먹 로보트태권V'로 이어지는 주제가로 더욱 유명한 이 영화는 같은 해 8월 서라벌레코드에서 국내 최초의 OST 앨 범으로 출시되었다. 이전에도 영화음악이나 대사를 음반으로 담아낸 경우가아예 없진 않았으나 영화의 음악과 대사를 원형 그대로 녹음해 출간한 건 이 앨범이 최초였다.

[그림 3-2-27] 사이트에서 음악 영상을 삽입하여 완성한 음악 신문

① 패들렛을 활용해 신문에 대한 의견을 모읍니다. 학생들이 신문에 넣고 싶은 주제에 관해 자유롭게 이야기하고, 비슷한 관심사를 가진 학생들을 같은 모둠으로 편성합니다. 신문에 들어갈 내용을 교과서와 인터넷을 활용하여 다양하게 조사하고, 패들렛에 공유합니다(예: 국악, 클래식, 세계 음악, O.S.T. 등).

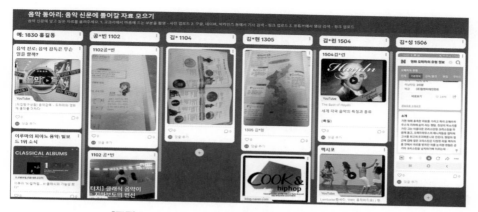

[그림 3-2-28] 신문에 삽입할 자료를 패들렛으로 공유

② 사이트에 글, 사진, 영상을 삽입하는 방법을 안내하고 학생들이 직접 사이트에 자료를 넣도록 합니다. 저는 사이트를 하나만 개설해서 학생들을 초대하고, 동시에 협업을 진행했습니다.

❶ 사이트 제목을 3군데에 쓰고, 게시 ▾ 를 클릭하여 주소를 생성합니다.

❷ 음악 신문을 학생들이 공동으로 제작하도록 학생들에게 공유 권한을 부여합니다. 화면 위쪽의 사람 아이콘(♙+)을 클릭하고, 아래와 같이 권한을 설정합니다.

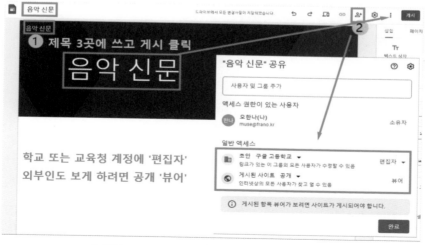

[그림 3-2-29] 사이트 게시 및 공유 권한 설정 방법

③ 학생들이 사이트를 편집할 수 있도록, 브라우저 검색창의 주소를 복사해서 공유합니다. 학생들은 사이트 오른쪽의 편집 도구를 활용해서 자료를 삽입합니다.

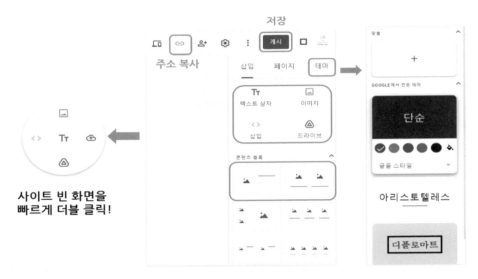

[그림 3-2-30] 사이트 편집 도구

④ 영상 삽입은 여러 방법으로 할 수 있는데, 편집 도구 중 ▶ YouTube 아이콘을 클릭하는 방법이 간단합니다. 학생이 유튜브 채널을 개설하지 않았으면 유튜브 검색이 되지 않으니, 채널부터 개설하도록 안내합니다.[17)]

---

17) 구글 워크스페이스에서 만 18세 이하의 학생은 유튜브에 가입하지 못한다는 규정이 있습니다. 영상 시청은 가능하지만, 재생 목록을 만들거나 댓글을 달거나 하는 등의 활동이 제한됩니다. 학교 자체 계정을 쓰는 경우 학교의 구글 관리자가 설정을 변경할 수 있습니다. 교육청 계정은 교육청에 근무하는 구글 최고 관리자가 설정하기 나름입니다.

[그림 3-2-31] 사이트에 유튜브 삽입하는 방법

⑤ 사이트에 여러 페이지를 만들고, 주제에 맞게 분류할 수 있습니다. 음악 신문에서 장르별로 다양하게 페이지를 분류해봅시다. 사이트 오른쪽의 '페이지' 탭에서 + 아이콘을 클릭하여 새 페이지를 생성합니다. 팝업이 뜨면 페이지 이름을 쓰고 완료를 클릭합니다. 페이지 이름을 빠르게 더블클릭해 커서가 생기면 이름을 변경할 수 있습니다. 이렇게 쓴 페이지 이름은 사이트의 메뉴가 됩니다.

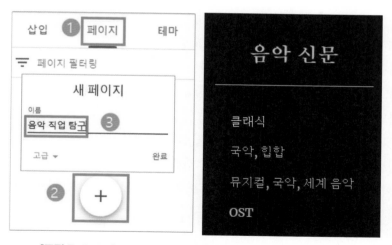

[그림 3-2-32] 좌: 새 페이지 생성하고 이름 변경 / 우: 사이트 메뉴

⑥ 이렇게 완성한 사이트를 외부에 공개할 때에는 브라우저 검색창에 있는 주소가 아닌, 사이트 편집 화면 위의 '링크 아이콘'을 클릭해서 주소를 복사합니다.

[그림 3-2-33] 사이트 주소 복사하는 경로

2) 융합: 국악을 세계로 홍보하는 사이트 만들기

주요 기능: 테마 변경, 배경 이미지 삽입, 크롬 브라우저의 번역 기능

최근 몇 년 사이에 우리나라의 대중음악, 영화, 드라마 등 K-문화가 세계적으로 크게 주목받고 있으며, 국악도 위상을 떨치고 있습니다. 임금이나 군대가 행진할 때 연주하던 음악인 <대취타>는 방탄소년단의 슈가가 샘플링하여 동일한 제목의 곡을 발표하자 빌보드 싱글차트에서 11위까지 올랐습니다.[18] 판소리 <수궁가> 대목은 이날치밴드가 얼터너티브 팝 장르로 재탄생시켰는데, 한국관광공사의 광고 배경음악으로 사용되면서 유튜브 조회 수가 억대를 돌파했습니다.[19]

학생들이 국악을 SNS나 방송에서 자주 접하며 국악에 친숙해지는 환경이 만들어졌고, 이 기회를 살려서 국악을 세계로 홍보하는 사이트를 제작하게 되었습니다. 이 과정에서 학생들은 국악을 적극적으로 공부하고 자연스레 문화유산 전승에 참여하게 되었습니다.

---

18) "BTS 슈가, 대취타 앞세워 빌보드 11위…한국 신기록", <JTBC뉴스>, 2020.06.02., news.jtbc.co.kr/html/425/NB11953425.html(접속일자: 2023.02.26.).
19) "2억뷰 'K흥 열풍' 이날치는 그렇게 시작됐다", <서울경제신문>, 2020.10.16., www.sedaily.com/NewsView/1Z95IIFH5P(접속일자: 2023.02.26.).

[그림 3-2-34] 국악을 세계로 홍보하는 사이트 예시[20]

이 수업은 국어, 미술 교과와 융합으로 진행해서 더욱 특별했습니다. 사이트 제작은 음악 교과 단독으로도 수업할 수 있지만, 여러 교과와 융합하면 더욱 알차게 사이트를 제작할 수 있습니다.

- 음악: 국악 이론을 배우고, 사이트에 삽입할 자료 수집
- 국어: 음악 시간에 배운 정보를 바탕으로 국악을 홍보하는 글쓰기
- 미술: 오방색과 한국의 전통 문양을 활용하여 사이트 꾸미기

[표 3-2-2] 음악, 국어, 미술과 융합수업 하는 단계

① 먼저 세계적으로 인정받은 <대취타>, 판소리, <아리랑>에 관한 수업을 했습니다. 학생들은 이와 관련된 국악 자료를 수집하여 패들렛에서 공유했습니다. 협업하며 사이트를 제작하도록 4인 1모둠을 편성하여 진행했습니다.

---

20) bit.ly/국악홍보

[그림 3-2-35] 모둠별로 자료를 수집해서 패들렛에 공유

② 사이트 주소는 모둠별로 하나씩 학생들이 생성하고, 패들렛에 수합한 자료를 사이트에 삽입하며 꾸밉니다.

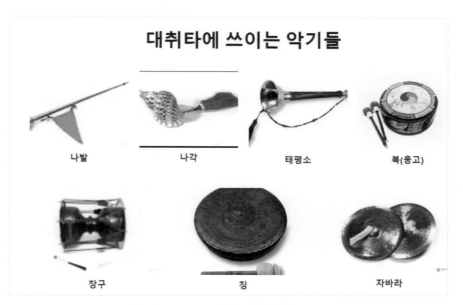

[그림 3-2-36] 사이트에 국악 자료 삽입

③ 사이트의 테마를 변경합니다. 사이트 편집 화면 오른쪽에서 '테마' 탭을 클릭하면 맞춤과 Google에서 만든 테마가 나옵니다. 미술 수업에서 다섯 방위를 상징하는 색인 오방색(청, 백, 적, 흑, 황)을 배우고, 사이트에 오방색을 적용했습니다. 맞춤형 테마를 활용하여 색 조합을 할 수 있습니다.

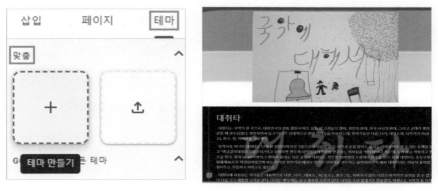

[그림 3-2-37] 좌: 사이트 테마를 변경하는 경로 / 우: 사이트에 오방색을 적용한 예시

④ 사이트에서 배경을 부분적으로 꾸밀 수도 있습니다. 머리글과 텍스트 상자 배경의 색상을 변경하거나 이미지를 삽입하면 됩니다. 사이트에 글을 입력하면 화면 왼쪽에 팔레트 아이콘이 생기는데, 여기서 색상 변경이나 이미지 삽입을 합니다.

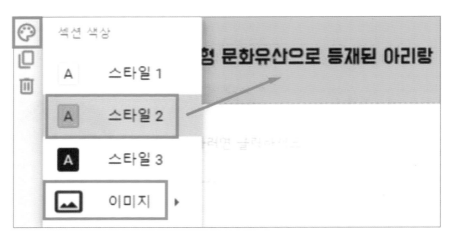

[그림 3-2-3B] 사이트의 텍스트 상자 배경을 꾸미는 방법과 사례

⑤ 크롬 브라우저의 번역 기능을 이용하면 사이트를 외국어로 번역해서 볼 수 있습니다. 영어 교과와 융합으로 국악을 영어로 홍보하는 글을 쓰고, 영어 사이트를 제작하는 것도 가능합니다.

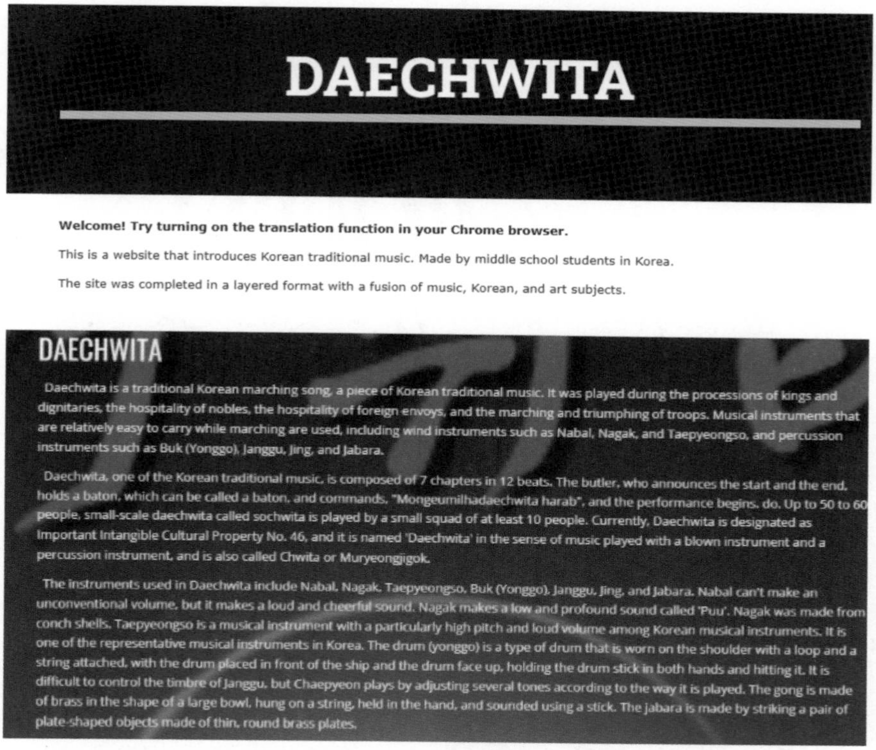
DAECHWITA
Welcome! Try turning on the translation function in your Chrome browser.
This is a website that introduces Korean traditional music. Made by middle school students in Korea.
The site was completed in a layered format with a fusion of music, Korean, and art subjects.
DAECHWITA
Daechwita is a traditional Korean marching song, a piece of Korean traditional music. It was played during the processions of kings and dignitaries, the hospitality of nobles, the hospitality of foreign envoys, and the marching and triumphing of troops. Musical instruments that are relatively easy to carry while marching are used, including wind instruments such as Nabal, Nagak, and Taepyeongso, and percussion instruments such as Buk (Yonggo), Janggu, Jing, and Jabara.
Daechwita, one of the Korean traditional music, is composed of 7 chapters in 12 beats. The butler, who announces the start and the end, holds a baton, which can be called a baton, and commands, "Mongeumilhadaechwita harab", and the performance begins. do. Up to 50 to 60 people, small-scale daechwita called sochwita is played by a small squad of at least 10 people. Currently, Daechwita is designated as Important Intangible Cultural Property No. 46, and it is named 'Daechwita' in the sense of music played with a blown instrument and a percussion instrument, and is also called Chwita or Muryeongjigok.
The instruments used in Daechwita include Nabal, Nagak, Taepyeongso, Buk (Yonggo), Janggu, Jing, and Jabara. Nabal can't make an unconventional volume, but it makes a loud and cheerful sound. Nagak makes a low and profound sound called 'Puu'. Nagak was made from conch shells. Taepyeongso is a musical instrument with a particularly high pitch and loud volume among Korean musical instruments. It is one of the representative musical instruments in Korea. The drum (yonggo) is a type of drum that is worn on the shoulder with a loop and a string attached, with the drum placed in front of the ship and the drum face up, holding the drum stick in both hands and hitting it. It is difficult to control the timbre of Janggu, but Chaepyeon plays by adjusting several tones according to the way it is played. The gong is made of brass in the shape of a large bowl, hung on a string, held in the hand, and sounded using a stick. The jabara is made by striking a pair of plate-shaped objects made of thin, round brass plates.

[그림 3-2-39] 국악 홍보 사이트를 영어로 번역한 예시(크롬 브라우저의 번역 기능)

3) 융합: 나를 이야기하는 사이트 만들기

주요 기능: 학생 사이트 주소 수합 방법, 권한 설정, 내 지도 삽입, 송메이커 삽입

음악으로 자신을 표현하고 타인에게 소개할 수 있는 사이트를 제작했습니다. 학생들이 자신의 감정, 취향, 욕구를 잘 파악해서 행복하게 살아가기를 바라는 마음으로 준비한 수업입니다. '나'와 관련된 탐색은 음악뿐만 아니라 국어, 미술, 사회, 진로 교과에서도 진행했습니다. 각 교과별 결과물을 학생들이 자기주도적으로 사이트에 삽입하여 융합수업 포트폴리오를 만들었습니다.

[그림 3-2-40] 나를 이야기하는 음악 사이트 예시[21]

　　사이트는 콘텐츠를 누적해서 저장할 수 있고, 페이지를 생성하여 과목별로 메뉴를 따로 운영할 수 있기 때문에 융합수업을 정리하기에 편리한 도구입니다. 융합수업은 교사들끼리 반복되는 회의와 자료 공유하는 과정이 번거롭기도 합니다. 사이트를 활용한 융합수업은 이런 문제를 해결해줍니다. 학기 초에 융합 주제만 정해서 교과별로 자유롭게 수업을 진행하고, 학생들이 결과물을 학기 말까지 사이트에 삽입하면 됩니다. 사이트를 활용하여 편리하고 새로운 차원의 융합수업을 시작해보기를 추천합니다.

---

21) bit.ly/나만의사이트

[그림 3-2-41] 사이트에 국어, 미술에서 '나'를 주제로 수업한 결과물 삽입

　나를 이야기하는 사이트 제작 수업은 1인당 하나의 사이트를 제작하는 방식입니다. 사이트 주소는 학생들이 개별적으로 생성하고, 교사가 미리 만든 스프레드시트에 학생들이 직접 제출합니다(학생들에게 편집자 권한 부여). 교사는 학생들의 사이트 주소를 클릭해 사이트에 과제물을 삽입했는지 확인하고 스프레드시트에 기록하며, 이를 과정 중심 평가의 근거로 활용하여 생활기록부에 기재합니다.

　디지털 활용 능력이 뛰어난 학생을 선발하여 또래 멘토링도 진행했습니다. 사이트 수업을 마치고 도우미로 봉사한 학생과, 실제로 도움을 받은 학생이 서로 평가하도록 했습니다. 제가 관찰한 내용을 덧붙여서 실제로 도우미 활동을 성실하게 한 학생은 생활기록부 특기 사항에 봉사 내용을 기록했습니다.

번호	이름	구글 사이트 주소	지도 삽입	작곡 삽입
1601	고✱✱	http://sites.google.com/✱✱✱✱/1601	○	○
1602	김✱✱	http://sites.google.com/✱✱✱✱/1602	○	○
1603	김✱✱ (도우미)	http://sites.google.com/✱✱✱✱/1603/	○	○
1604	김✱✱	http://sites.google.com/✱✱✱✱/1604		○
1605	노✱✱ (도우미)	http://sites.google.com/✱✱✱✱/1605	○	○
1606	명✱✱	http://sites.google.com/✱✱✱✱/1606/	○	

[그림 3-2-42] 사이트 주소를 수합하고 도우미 여부, 자료 삽입 여부 기록

① 사이트의 공유(👤➕)를 클릭하고 권한은 다음과 같이 설정합니다. 초안은 '제한됨', 게시된 사이트는 '공개'입니다. 사이트의 주인만 편집할 수 있는 설정입니다.

[그림 3-2-43] 사이트 권한 설정 방법

② 내 지도로 '나만의 음악 지도'를 제작한 결과물을 사이트에 삽입했습니다. 사이트 편집 화면의 삽입 탭 – 지도 아이콘을 클릭하고, 팝업에서 내 지도를 선택합니다.

[그림 3-2-44] 사이트에 내 지도 결과물 삽입하는 경로

사이트에 삽입된 내 지도는 레이어 목록이 보이지 않습니다. 화면 왼쪽 위의 화살표(🔲) 아이콘을 클릭하면 레이어 목록이 보입니다.

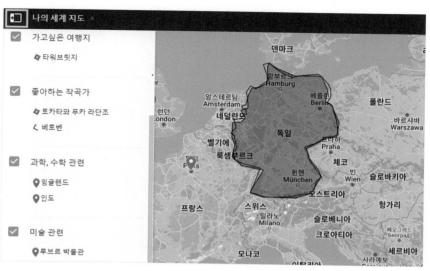

[그림 3-2-45] 사이트에 삽입한 내 지도에서 레이어 목록 활성화

③ 송메이커로 '이름을 주제로 작곡하기'(149쪽 참조)를 했던 작품을 사이트에 삽입하고, 자신의 이름에 대한 설명과 작품 설명을 적습니다.

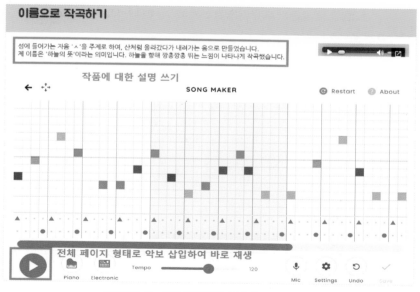

[그림 3-2-46] 사이트에 송메이커 악보 삽입

송메이커 작품 링크를 복사해서 사이트 편집 화면의 삽입 탭 – 삽입을 클릭합니다. 아래 화면처럼 '전체 페이지' 형태로 삽입하면 사이트에서 악보 재생이 바로 가능합니다.

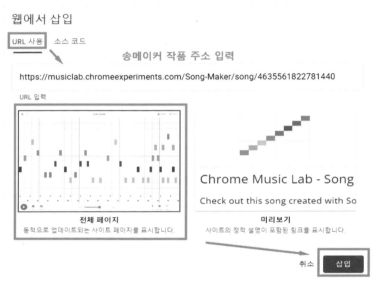

[그림 3-2-47] 송메이커 악보를 전체 페이지 형태로 삽입하는 경로

④ 글꼴을 추가해서 사이트를 더욱 예쁘게 꾸밀 수도 있습니다.22) 사이트에 글을 쓰면 텍스트 상자 위에 편집 도구가 생깁니다. 글꼴 더보기를 클릭해 나타나는 팝업에서 '문자: 모든 문자'의 한국어를 선택하고 한국어 지원 글꼴을 추가합니다.

---

22) 글꼴 추가 방법은 문서, 스프레드시트, 프레젠테이션에서도 동일합니다.

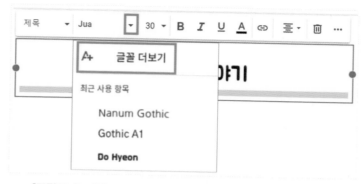

[그림 3-2-48] 사이트의 텍스트 상자에서 글꼴 더보기 하는 방법

가독성이 좋은 한국어 글꼴을 몇 가지 추천해드립니다.

Do Hyeon	Jua	Nanum Gothic	Gowun Dodum
오케스트라	오케스트라	오케스트라	오케스트라

[표 3-2-3] 구글 도구에서 지원하는 가독성 좋은 한국어 글꼴

마. 문서

문서(Docs)는 MS 워드처럼 글을 쓰고 편집하는 도구입니다. 실시간 협업으로 노래 가사, 영상 스토리보드를 학급 전체가 함께 작성할 수 있습니다. 문서를 사본으로 학생들에게 배포하여 논술 수행평가를 연습시키고 피드백을 줄 수도 있고, 악보를 그릴 수 있게 부가 기능을 설치하면 작곡 수업도 가능합니다.

1) 학교를 광고하는 노래 창작하기

중학교부터는 학생들이 변성기, 사춘기를 겪으면서 가창 수업을 싫어하게 되는 경우가 많습니다. 입을 꾹 다물고 가창을 거부하는 학생들은 어떻게 지도해야 할지

난감했는데, 노래 가사를 바꾸는 창작 수업을 하니 적극적으로 가창을 시도했습니다. 학생들은 가사를 바꾸기 위해 원곡을 반복해서 듣고 여러 차례 노래했습니다. 뮤직비디오 제작까지 연계하여 디지털 활용 능력 교육도 병행할 수 있었습니다.

원곡	학교 광고에 어울리는 가사
네모난 침대에서 일어나 눈을 떠 보면 네모난 창문으로 보이는 똑같은 풍경	포근한 교실에서 일어나 눈을 떠보면 네모난 창으로 보이는 영화같은 풍경
네모난 문을 열고 네모난 테이블에 앉아 네모난 조간신문 본 뒤	멋있고 예쁜 여러 선생님 가르침을 받고 만족한 급식표를 본 뒤,
네모난 책가방에 네모난 책들을 넣고 네모난 버스를 타고 네모난 건물 지나 네모난 학교에 들어서면 또 네모난 교실 네모난 칠판과 책상들	맛있고 영양가가 풍부한 급식을 먹고 편안한 교복을 입고 학교에 들어서면 훌륭한 친구들 작품을 보고 커다란 교실 커다란 칠판과 티비를
네모난 오디오 네모난 컴퓨터 TV 네모난 달력에 그려진 똑같은 하루를 의식도 못한 채로 그냥 숨만 쉬고 있는걸	편안한 체육복 재미있는 선생님 수업 편안한 벤치에 앉아서 휴식을 취하고 열심히 수업 듣고 후련하게 집에 가는걸
주위를 둘러보면 모두 네모난 것들뿐인데	주위를 둘러보면 텃밭, 당구장, 매점, 탁구장.
우린 언제나 듣지 잘난 어른의 멋진 이 말 '세상은 둥글게 살아야 해'	우린 즐겁게 타지! 완전 재밌는 암벽 등반 세상은 즐겁게 살아야해
지구본을 보면 우리 사는 지구 둥근데 부속품들은 왜 다 온통 네모난 건지 몰라 어쩌면 그건 네모의 꿈일지 몰라	학교를 둘러보면 도미니코관도 있는걸 경기 평택 장당동! 아름다운 효명중학교 모두들 멋진 우리 효명중으로 와~

[표 3-2-4] 문서에서 학생들이 개사한 학교 광고 가사(원곡: 네모의 꿈)

① 교과서에 수록된 유명한 노래의 가사를 학교 홍보용으로 개사합니다. 저는 학생들과 회의하여 <네모의 꿈>이라는 노래를 선택했고, 학교의 장점이 드러나게 가사를 적도록 했습니다. 원곡 가사와 비교하여 적을 수 있도록 표를 삽입했습니다.

[QR 3-2-2] 노래 개사하는 문서 사본 다운받기[23]

---

23) bit.ly/노래개사

② 문서 과제를 배포할 때에는 클래스룸에서 '학생별로 사본 제공'을 합니다. 모든 학생들이 문서를 하나씩 받은 상황으로, 각자 과제를 하여 제출합니다. 우수작을 투표로 한 곡 선정하고, 노래하기에 발음이 편하도록 학급 학생들과 함께 가사를 수정합니다. 이때에는 '학생에게 파일 수정 권한 제공'을 선택합니다.

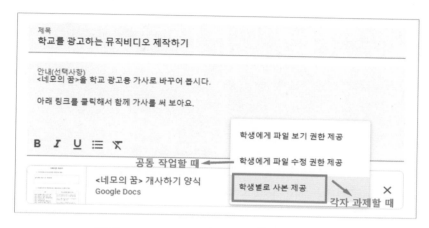

[그림 3-2-49] 클래스룸에서 과제를 배포하는 방법

③ 최종 완성한 가사를 반주에 맞추어 노래하고 녹음합니다. 이후 학교 곳곳의 아름다운 풍경을 촬영하여 드라이브의 공유 문서함에 올리고,[24] 이 사진 자료와 녹음 음원을 합성하여 영상을 제작했습니다. 이 영상은 유튜브에 업로드하여 학교의 긍정적인 모습을 대외적으로 홍보했습니다.

---

24) 드라이브의 공유 문서함 활용 방법은 264쪽 참조.

[그림 3-2-50] 개사한 노래와 사진을 활용하여 광고 영상 제작

[QR 3-2-3] 학교를 광고하는 영상 예시25)

2) 악기를 조사하는 글쓰기

주요 기능: 이미지 웹 검색, 글자 수 세기, 음성 입력

악기에 대해 배우고 직접 악기의 특징을 조사하는 글쓰기 수업을 해보았습니다. 교과서의 설명을 읽기만 하지 않고, 직접 검색하여 자료 조사를 하면 악기의 특징을 오랫동안 기억할 수 있겠다고 생각해서 진행한 수업입니다. 이렇게 자료 조사를 하고, '내가 좋아하는 악기 소개하기' 논술 수행평가로 연계했습니다.

25) bit.ly/학교광고

① 구글 문서는 다른 창을 열지 않아도 이미지 검색을 할 수 있는 장점이 있습니다. 메뉴 중 삽입 - 이미지 기능을 활용합니다. 다른 창으로 넘어가지 않고 글쓰기에만 집중할 수 있도록 도구들이 연결되어서 편리합니다.

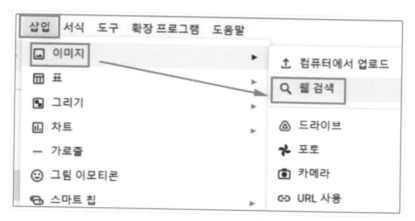

[그림 3-2-51] 문서 안에서 이미지 검색하는 경로

[그림 3-2-52] 이미지 – 웹 검색에서 악기 사진 삽입하는 경로

② 교사가 제시한 최소 글자 수를 충족해서 글을 쓰도록 지도합니다. 메뉴 중 도구 – 단어 수를 클릭하면 공백 포함 및 미포함 단어 수가 자동으로 집계됩니다.

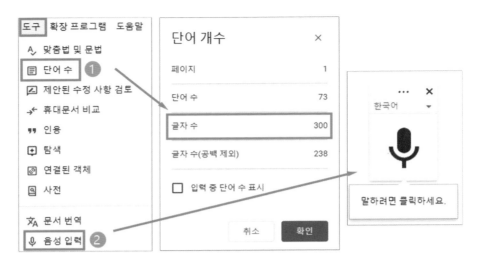

[그림 3-2-53] 문서의 도구 중 단어 수, 음성 입력 활용 방법

웹 버전 문서에서는 AI의 TTS(Text to speech) 기능도 활용할 수 있습니다. 메뉴 중 도구 – 음성 입력을 클릭하고 마이크 아이콘을 활성화하면, AI가 음성을 인식하고 글자로 변환해줍니다. 저는 음악 논술 수행평가를 대비하며 떠오르는 아이디어를 말하고, 글씨로 변환된 문장을 다듬도록 지도했습니다. 이처럼 구글 워크스페이스의 도구들은 유기적으로 연결돼서 브라우저의 새 창을 열지 않고도 여러 활동을 이어서 할 수 있습니다.

3) 음악 스니펫(Music snippet) 부가기능: 실음 들으며 악보 그리기

부가기능(Add-on)은 구글 도구의 기능을 확장시키는 액세서리입니다. 구글 도구 메뉴 중 확장 프로그램 – 부가기능을 클릭하면 마켓플레이스(Marketplace) 검색창이 나옵니다. Music이라고 검색하면 여러 부가기능이 보입니다.

[그림 3-2-54] 문서의 부가기능 검색 화면

이 중에서 음악 스니펫(Music snippet)을 추가하면, 문서에서 실음을 들으며 악보를 그릴 수 있고 선율 및 리듬 창작과 화성학 수업도 가능합니다.

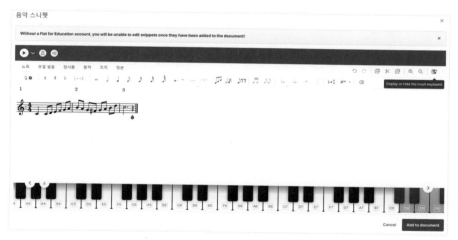

[그림 3-2-55] 음악 스니펫(Music Snippet) 화면

랩 만들기 수업을 할 때, 랩의 주요 요소(라임, 플로 등)을 배우고 4/4박자에 맞게 간단히 리듬 창작을 하여 가사를 쓰는 수업도 해보았습니다.

2. Music snippet 확장 프로그램으로 4/4에 맞게 리듬을 창작해서 아래에 삽입하세요. 위에 쓴
내용을 바탕으로 창작한 리듬에 맞게 가사를 적어보세요.

- 음표 1개당 가사 1개를 쓰세요. 가사를 생략하고 싶으면 음표 아래에 - 표시를 하세요.

- 라임을 넣고 형광펜으로 표시하세요..

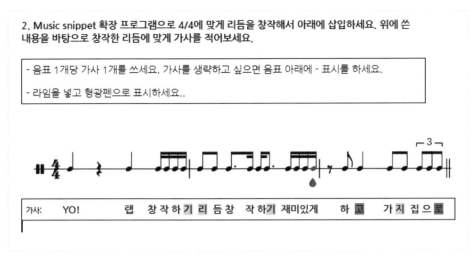

[그림 3-2-56] 음악 스니펫을 활용하여 리듬을 창작한 사례

① 문서의 메뉴 중 확장 프로그램 – 부가기능 – 부가기능 설치하기에서 Music snippet을 검색하고 설치합니다. 설치를 완료하면 아래 화면처럼 '음악 스니펫(또는 Music snippet)' 메뉴가 보입니다. '열다'를 클릭해서 실행합니다.

[그림 3-2-57] 음악 스니펫 부가기능 설치 및 실행

② 문서 오른쪽에 보이는 New music snippet을 클릭하고 악보를 선택합니다.

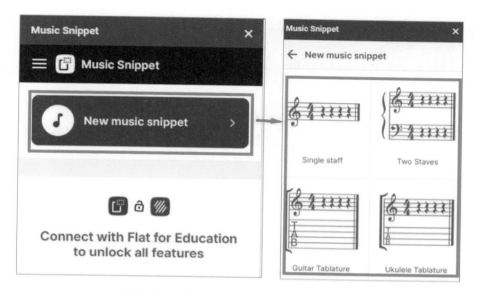

[그림 3-2-58] 음악 스니펫에서 악보 선택하는 방법

③ 음표는 키보드 커서를 움직이거나 피아노 건반을 눌러서 입력합니다. 화면 오른쪽 끝의 건반 아이콘(🎹)을 클릭하면 피아노 건반이 생깁니다. 음표를 지울 때에는 키보드의 백스페이스를 클릭합니다. 음표 길이, 아티큘레이션, 화음 기호, 손가락 번호, 셈여림, 페달링 등을 다양하게 표기할 수 있습니다. 정본이라는 메뉴에 있는 가사 아이콘을 클릭해서 가사를 첨부했습니다.

[그림 3-2-59] 음악 스니펫에서 가사 입력

④ 음악 스니펫은 박자를 설정하고 음표를 입력하면, 남은 음표의 길이가 마디당 박자에 맞게 자동으로 조절돼서 편합니다. 예를 들어, 4/4박자로 설정하고 한 마디에 4분 음표를 1개 입력하면, 나머지 3박만 입력할 수 있도록 공간이 남습니다.

[그림 3-2-60] 음표를 입력하면 박자에 맞게 쉼표가 자동 생성

음의 길이를 세는 게 어려운 학생들은 오선보 종이로만 작곡 수업을 하면 박자보다 초과하거나 부족하게 음표를 그리는 경우가 많습니다. 음악 스니펫은 설정한 박자에 딱 맞게 음표를 입력하도록 자동으로 설정되므로 작곡 수업이 편해집니다.

⑤ 작곡을 완료하고 화면 오른쪽 아래의 'Add to doctument'를 클릭합니다.

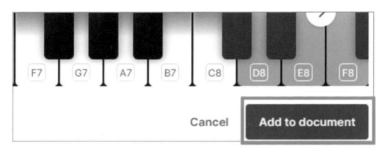

[그림 3-2-61] 악보를 문서에 삽입하는 방법

⑥ 문서에 삽입된 악보를 편집하려면, 다시 음악 스니펫을 실행하고 편집을 클릭합니다. Flat for Education에 무료로 가입하라는 메시지가 뜨는데, Get started for free를 클릭하여 무료 가입을 해야 편집이 가능합니다. 가입 전에 제작한 악보는 편집이 불가합니다. 음악 스니펫은 신규 가입하고 3개월간만 무료로 쓸 수 있으며 이후에는 1년에 사용자당 2달러를 지불해야 합니다.

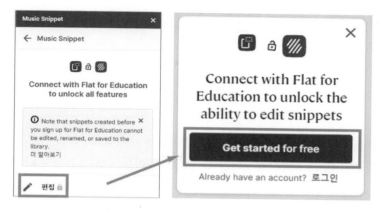

[그림 3-2-62] 편집을 시도하면 생기는 Flat for Education의 무료 가입 메시지

바. 스프레드시트 ⊞

스프레드시트(Spreadsheet)는 MS 엑셀과 기능이 거의 유사하며 수식과 함수를 활용하여 통계를 내거나 데이터 수집, 정렬, 분석 등을 빠르게 할 수 있습니다. 그래서 음악 수업보다는 업무에서 많이 쓰지만, 스프레드시트를 칸이 잔뜩 그려진 화면으로 바라보면 창의적인 방식으로 음악 수업에 응용하게 됩니다.

정간보는 세종대왕이 음의 길이와 음높이를 알 수 있게 고안한 동양 최초의 유량 악보입니다.26) 스프레드시트는 한 칸이 1박을 나타내는 네모반듯한 정간보와 닮았으며, 협업의 형태로 학생 참여형 창작 수업을 완성하는 미래형 정간보로 활용할 수 있습니다.

①		①			○	
仲		仲		林	仲	林

[그림 3-2-63] 정간보에 장단, 율명을 기보한 예시

---

26) 김영운, <국악개론>(음악세계, 2022), 81쪽.

1) 장단 구음을 입력하는 정간보

주요 기능: 편집 권한, 버전 기록, 모바일 버전에서 작성하는 법

국악은 재미없고 어려운 옛날 음악이라는 선입견 때문인지 대부분의 학생들은 국악에 크게 흥미를 보이지 않습니다. 그러나 구글 도구를 활용하여 국악 창작 수업을 하면 학생들의 태도가 달라집니다. 143쪽에서 살펴본 <쾌지나 칭칭 나네> 메기는 소리 창작 수업은 스프레드시트를 활용하여 시작했습니다. 스프레드시트에 자진모리장단을 1인당 하나씩 구음으로 입력하고, 장단 옆에 메기는 소리 가사도 한 소절씩 창작했습니다.

학번	메기는 소리 1소절	1박			2박		
		1	2	3	4	5	6
1503	친구 자리 깨끗히 쓰자	궁		따	따	.	
1504	급식실에서는 새치기 말자	따	궁		따	궁	따
1505	버스에서는 조용히하고	덩		쿵	따	따	궁
1506	수업시간 떠들지말자	덩	따	쿵	덩	따	쿵
1507	화장실은 깨끗이 쓰자	따	따	궁	따	따	따
1508	길에서 담배를 피지마	따	따		따		

[그림 3-2-64] 스프레드시트를 정간보로 활용

[QR 3-2-4] 정간보 스프레드시트 양식 다운로드
〈쾌지나 칭칭 나네〉 메기는 소리 가사, 장단 창작용[27]

① 학급 전체가 정간보에 접속하여 장단을 입력하도록 하려면, 공유 권한을 '편집자'로 설정해야 합니다. 스프레드시트 오른쪽의 🔒 공유 를 클릭하고, 팝업에서 일반 액세스 권한을 학교 또는 교육청으로 하여 편집자 권한을 부여합니다.

---

27) bit.ly/정간보

[그림 3-2-65] 학급 전체가 협업하도록 편집자 권한 부여

② 학생들이 동시에 접속하여 글을 쓰다 보면 실수로 또는 일부러 남의 글을 지우는 일이 생깁니다. 이런 경우에는 '버전 기록[28]'으로 원래 글을 복원합니다. 메뉴 중 파일 – 버전 기록 – 버전 기록 보기를 하거나 공유 아이콘 왼쪽의 시계 아이콘(🕙)을 클릭하면, 화면 오른쪽에 이 글의 역사가 나옵니다. 같은 시간에 동시 작업이 많이 이루어지면 버전 기록이 남지 않는 경우도 있으나, 시간 차를 두고 작업했다면 대부분 버전 기록에서 확인이 가능합니다.

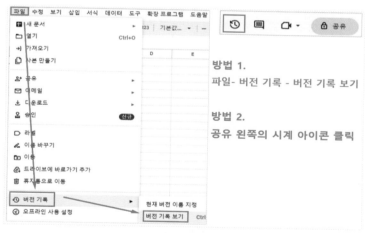

[그림 3-2-66] 버전 기록 확인하는 경로 2가지

스프레드시트를 처음 작성한 시점부터 누가, 언제, 어떤 글을 썼는지 기록을 확인할 수 있습니다. 누군가가 글을 지워서 과거 시점으로 글을 되돌리고 싶다면, 버전

---

28) 버전 기록은 문서, 프레젠테이션, 사이트에도 있는 기능입니다.

기록에서 과거 버전을 선택하고 오른쪽의 점 3개 클릭 – 팝업에서 이 버전 복원하기를 클릭합니다. 단, 공유 권한이 학교 계정 또는 교육청 계정으로 되어 있는 경우에만 실명으로 기록됩니다.

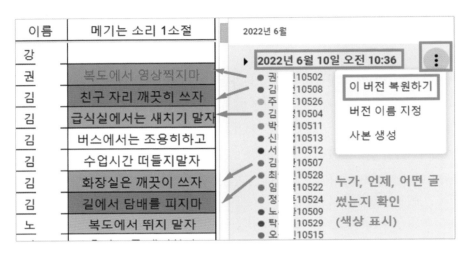

[그림 3-2-67] 버전 기록으로 확인하는 학생 참여 현황 및 복원 기능

③ 모바일 버전에서는 스프레드시트 앱을 설치하고, 화면 오른쪽의 대각선 아이콘 또는 연필 아이콘(🖉)을 클릭하면 작성이 가능합니다. 스프레드시트에 장단을 입력하는 과정이 학생들 입장에서는 다소 복잡할 수 있으므로, QR코드에 연결된 설명서를 학생들에게 배포하면 됩니다.

[QR 3-2-5] 모바일 버전 스프레드시트 과제하는 방법 설명서[29]

2) 모둠별 활동일지로 자기, 동료 관찰평가 하기

주요 기능: 댓글 추가 기능

저는 비대면, 개인화가 가속화되는 사회에서 학생들이 협업의 경험을 배울 수 있도록 모둠 활동을 학기당 1회 이상 진행합니다. 협업 도중에 의견 충돌이 나서 싸우게 되더라도, 갈등을 해결하려고 노력하는 경험이 사회생활을 할 때 도움이 된다고 생각하기 때문입니다. 그러나 무임승차하며 시간만 때우려는 학생들이 생각보다 많아서 모둠원들과 교사가 난감해집니다.

수업 마무리 단계에서 모둠별 활동일지를 작성하니 무임승차 문제가 많이 사라졌습니다. 스프레드시트에 활동일지를 양식을 만들고, 학생들에게 편집자 권한을 주어서 직접 작성하도록 했습니다. 각자 오늘의 활동 내용과 느낀 점을 적고 공유하면서 자기 평가 및 상호 평가를 하고, 활동일지 기록을 교사가 관찰했습니다.

활동 일지: 2반 1조
활동 날짜: (11)월 (24)일

역할	이름	오늘의 활동 내용	느낀 점	다음 시간에 할 일 생각해보기
조장	박**	잡일들 하기	재미있다.	잡일하기
래퍼	윤**,박**	랩연습하기(가사랑 개사한거랑 싱크맞는지 확인)	재미있다.	랩 연습하기
작사가	안**	한*이와 가사를 부드럽게 고쳐쓰기	재미있다.	작사 끝내기
음원	김**	원본 노래를 잘라서 편집	뿌듯했다.	여성과 남성에 음이 맞도록 조정해보기
영상	김**	스토리보드 만들기	힘들었다.	영상 편집하는 방법 연구

활동 일지: 2반 1조
활동 날짜: (12)월 (1)일

역할	이름	오늘의 활동 내용	느낀 점	다음 시간에 할 일 생각해보기
조장	박**	팀원들 도와주기	재미있었다.	팀원들 도와주기
래퍼	박**,윤**	랩과관련된영상보면서랩연습하기	신기,새로운경험	랩 연습하기
작사가	안**	코로나관련된가사넣기+작사마무리	재밌었다.	개사한 작사 확인하기
음원	김**	우리가 할 랩mr을 편집, 페이드 아웃하기	힘들었다.	음악 편집한거 다시한번 확인하기
영상	김**	영상 편집하기	재밌었다.	뮤직비디오 영상에 자막 넣기

[그림 3-2-68] 모둠별 랩 뮤직비디오 제작하고 활동일지 작성

---

29) ior.ad/8eBC

활동 내용을 쓰는 모습을 보다가 학생에게 피드백을 주고 싶다면, 댓글 추가 기능을 통해 의견을 전달할 수 있습니다.[30]

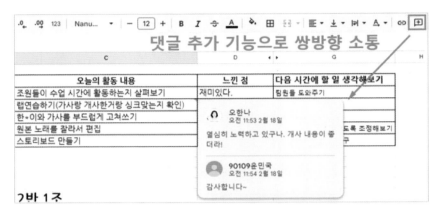

[그림 3-2-69] 스프레드시트의 댓글 추가 기능

사. 프레젠테이션

프레젠테이션(Presentation)은 MS 파워포인트(이하 PPT)처럼 발표 자료를 편집하는 도구입니다. 영상과 사진 자료가 많이 들어가도 인터넷과 구글 계정만 있다면 재생 속도가 느려질 염려가 없고, 학생들과 공동으로 수업 자료를 제작할 수 있습니다.

1) 모둠별로 악기를 소개하는 프레젠테이션 만들기

주요 기능: 모둠별 권한 설정, 새 슬라이드 추가, 유튜브 재생 구간 설정, 템플릿 변경

앞에서 설명했던 문서로 악기를 소개하는 글쓰기 수업은 프레젠테이션을 활용한 발표 수업으로 연계가 가능합니다. 발표는 1인당 하나도 제작이 되지만, 공유 기능

---

30) 댓글 추가 기능은 문서, 프레젠테이션, 드라이브에도 있습니다.

을 활용하여 모둠이나 학급이 협업하여 프레젠테이션을 완성할 수도 있습니다. 저는 협업해서 제작하는 방식을 훨씬 선호합니다. 학생들의 수준에 따라 1인 1개 프레젠테이션 제작이 어려울 수 있는데, 공동 작업을 하면 다른 학생들의 작품을 관찰할 수 있어서 어깨너머로 배울 수 있기 때문입니다. 또한, 교사가 과제를 검사할 때 공동 작업한 자료는 파일 개수가 적기 때문에 검사 시간이 줄어듭니다.

[그림 3-2-70] 프레젠테이션으로 제작한 악기 소개 슬라이드

교과별 융합수업을 할 때에도 프레젠테이션 협업을 활용할 수 있습니다. 예컨대 음악 시간에 악기 수업을 하고, 사회 시간에 악기와 관련된 나라에 관해 수업을 했다면 하나의 프레젠테이션에 음악, 사회 수업 자료를 모두 넣어서 정리하면 됩니다. 타 교과 교사에게 편집 권한을 부여하면 학생 과제를 공동으로 검사할 수 있습니다.

[그림 3-2-7] 프레젠테이션을 활용한 음악과 사회의 융합 예시

① 모둠별로 프레젠테이션을 만들 때에는 제목에 모둠원 이름을 적는 게 좋습니다. 학생들이 자신의 모둠을 확인할 때, 교사가 과제를 점검할 때 편합니다. 프레젠테이션 화면 왼쪽에서 이름을 변경하면 자동 저장이 됩니다.

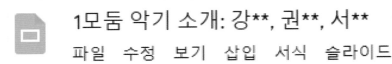

[그림 3-2-72] 모둠원 이름으로 제목 설정

② 화면 오른쪽의 공유(🔒 공유)를 클릭하고, 협업을 할 수 있도록 권한을 설정합니다. 모둠원에게만 편집 권한을 주고 싶으면 아래와 같이 설정합니다. 학급 전체 협업을 원한다면 일반 액세스를 학교 또는 교육청 계정으로 선택하여 편집자 권한을 줍니다.

[그림 3-2-73] 모둠원 계정 추가해서 편집자 권한 부여

③ 학생들이 모둠별 프레젠테이션에서 각자 슬라이드를 한 장씩 작성합니다. 프레젠테이션 화면 왼쪽에서 마우스 우클릭 – 새 슬라이드를 클릭합니다. 이후 자신의 슬라이드에 악기에 관한 자료를 입력한 뒤 삽입 메뉴를 클릭하여 이미지, 오디오, 동영상(유튜브) 등을 추가합니다.

[그림 3-2-74] 새 슬라이드, 동영상 삽입, 재생 구간 설정하는 경로

④ 삽입한 유튜브 영상을 마우스로 우클릭 – '서식 옵션'을 선택하면 화면 오른쪽에 서식 옵션 화면이 생기며, 이곳에서 다양한 설정을 할 수 있습니다. 유튜브 영상의 특정 구간만 재생되도록 설정하는 기능이 특히 유용합니다.

⑤ 프레젠테이션의 디자인을 예쁜 템플릿으로 변경할 수 있습니다. 기본 템플릿은 메뉴 중 슬라이드 – 테마 변경을 클릭해서 설정합니다. 템플릿 제공 사이트에서 무료로 다운받아 변경할 수도 있습니다. 아래 화면은 슬라이즈마니아(slidesmania)에서 템플릿을 선택했을 때의 화면입니다. Open in Google slides를 클릭해서 템플릿 사본을 저장합니다.

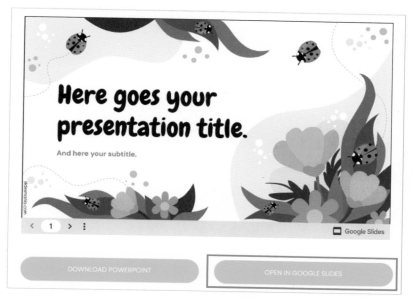

[그림 3-2-75] 슬라이즈마니아에서 템플릿 다운받는 법(OPEN IN GOOGLE SLIDES)

슬라이즈마니아	slidesmania.com
슬라이즈고	slidesgo.com(월 10회만 무료)
슬라이즈카니발	www.slidescarnival.com

[표 3-2-5] 구글 프레젠테이션 템플릿 제공 사이트

아. 설문지

설문지(Form)는 자료 취합, 빠른 통계, 학생 진단 및 평가, 익명으로 의견 청취 등을 하는 도구입니다. 형성평가, 수업 만족도 평가에서도 유용하며 설문 응답은 스프레드시트에서 확인하여 미제출자를 한눈에 파악할 수 있습니다.

1) 100% 응답하는 형성평가 설문지 만들기

주요 기능: 질문 유형, 필수 응답 및 정규 표현식 설정, 시청각 자료 추가, 설문 링크 보내기

수업 마무리 단계에서 학생들이 수업을 잘 들었는지 확인할 때 설문지는 참 유용하게 사용됩니다. 교실에서 손을 들고 발표하는 방식으로는 적극적인 학생들이 주로 이야기하지만, 설문지로 형성평가를 하면 소극적인 학생들도 글로 발표할 수 있습니다. 설문지는 마음의 소리까지 들을 수 있는 고마운 도구랍니다.

5. 아리랑은 왜 배워야한다고 생각하나요?

응답 81개

우리의 문화를 지키기 위해 / 우리가 먼저 우리의 문화를 배우고 우리의 것이라는 것을 알아야 한다.

중국이 우리의 고유한 문화와 역사를 자신이 원조라고 주장 하는 상황에 아리랑도 언제 중국이 자기네들 것이라 주장할지 모른다. 우리는 아리랑을 배워서 이 아리랑이 우리나라 것이라고 주장 할 수 있도록 해야한다.

우리나라의 전통 음악을 다른 나라에게 뺏기지 못하도록 할려고. 그리고 대한민국의 전통음악이라고 널리 알리기 위해

아리랑이 우리나라의 고유한 민속 음악이기 때문에 우리의 힘으로 보존하고 지켜내야하기 때문이다.

중국의 한푸 부흥 운동과 애국주의 때문에.

아리랑은 사회적 매락 속에서 지속적으로 재창조 되면 문화적 다양성을 높이고 한국인의 정체성형성과 결속에 중요한 역할을 한다

[그림 3-2-76] 〈아리랑〉 수업 이후 설문지로 형성평가 실시한 예시(양식 다운로드)[31]

① 설문지 편집 화면 오른쪽에 있는 세로 메뉴에서 ⊕ 아이콘을 클릭하면 질문을 추가할 수 있습니다. 질문은 총 11가지 유형으로 만들 수 있으며, 유형별 특징은 아래 QR 링크에서 설문지를 다운받고 체험하면 됩니다. 그 외에 다른 설문지에서 질문만 가져오기, 제목 및 설명, 이미지, 영상, 섹션 추가도 가능합니다.

---

31) bit.ly/아리랑평가

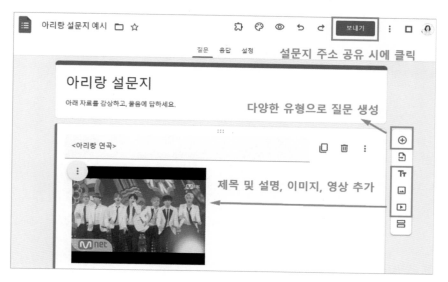

[그림 3-2-7] 설문지에 제목 및 설명, 영상 추가 기능 활용

[QR 3-2-6] 설문지의 다양한 질문 체험[32)]

② 학생들이 100% 응답하도록 설문지에서 필수 응답을 설정합니다. 특정 질문에 응답한 이후에만 다음 단계로 갈 수 있는 설정입니다. 질문 옆의 점 3개를 클릭해서 응답 확인을 선택하면 정규 표현식을 설정할 수 있습니다.

정규 표현식은 교사가 원하는 형식대로 학생들이 답을 제출하도록 설정하는 기능입니다. 예를 들어 학번을 4자리로만 제출하고, 글자 수나 특정 단어 포함 등의 조건을 충족해야 응답을 제출하게 만들 수 있습니다.

---

32) bit.ly/설문유형

[그림 3-2-78] 질문에서 필수 응답과 응답 확인(정규 표현식) 설정하는 방법

4개 지역의 <아리랑>을 연달아 부르는 <아리랑 연곡> 영상을 보여주고, 학생들이 전라도 지역의 <진도 아리랑>의 가사를 정확히 배웠는지 확인하고 싶었습니다. 정규 표현식 – 일치에서 '진도'를 설정하고, 답이 틀리면 설문 제출을 못 하도록 '필수' 처리했습니다.

[그림 3-2-79] 질문에서 정규 표현식과 필수 응답을 설정하는 방법

이 설정 덕분에 100%의 학생이 정답을 제출했습니다. 답이 기억나지 않는 학생들은 영상을 다시 보거나 인터넷 검색을 해서 답을 입력하도록 했습니다.

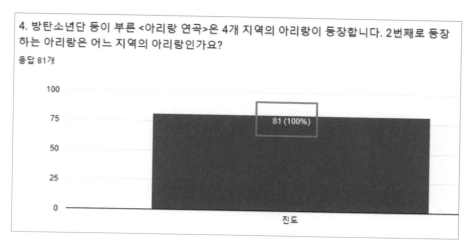

4. 방탄소년단 등이 부른 <아리랑 연곡>은 4개 지역의 아리랑이 등장합니다. 2번째로 등장하는 아리랑은 어느 지역의 아리랑인가요?

응답 81개

[그림 3-2-80] 정규 표현식에서 설정한 응답으로 100% 정답 제출한 예시

③ 학생들에게 설문지를 보낼 때에는 브라우저 주소 창의 주소를 복사하지 않습니다. 이 경우에는 '편집 창'을 통째로 보내는 상황이라서 학생들이 문제를 풀 수 없습니다. 설문지 편집 화면 오른쪽의 보내기 를 클릭하여 주소를 복사합니다.

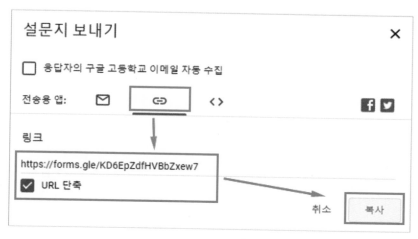

[그림 3-2-81] 설문지 보내기 화면에서 URL을 복사하는 경로

2) 퀴즈 과제 만들고 자동 채점하기

주요 기능: 퀴즈로 만들기 및 잠금 모드 활성화, 배점 및 답안 선택, 응답 확인

설문지의 설정 탭에서 '퀴즈로 만들기'를 활성화하면 퀴즈 과제가 만들어집니다. 문제에 미리 배점을 하고, 설문 종료 후에 자동으로 채점해 학생들이 점수 확인을 할 수 있습니다. 크롬북에 CEU가 설치되었다면 퀴즈 과제로 내신에 반영되는 수행평가도 볼 수 있습니다. 아래 화면처럼 잠금 모드를 활성화해주면 크롬북 화면에 설문지 화면만 보이고 캡처나 인터넷 검색이 안 됩니다.[33]

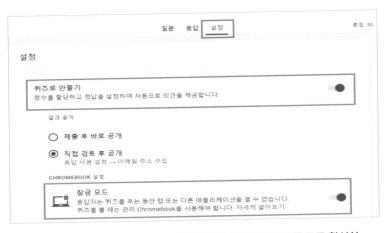

[그림 3-2-82] 설문지 설정 탭에서 퀴즈로 만들기 및 잠금 모드 활성화

경상도 민요 <쾌지나 칭칭 나네>를 주제로 민요 캠페인송을 제작하는 수업을 했습니다.[34] 송메이커로 민요를 작곡하기 전에 민요의 이론을 배우고, 수업 종료 후 퀴즈 과제 형식의 형성평가를 실시했습니다.

---

33) CEU(Chrome Education Upgrade)는 크롬북 환경을 제어하는 유료 라이선스로, 최근 각 급 학교에 보급된 크롬북에는 거의 설치가 되어 있습니다. 교육청 계정에 CEU 라이선스가 할당된 경우, 학교 관리자가 기기를 제어하는 것이 여러 가지로 제한될 수 있고 불편해지기 때문에 학교 자체 계정을 만들고 거기에 라이선스를 넣는 것을 교육청에서 권장합니다. 자세한 평가 사례는 bit.ly/크롬북ceu 참조.
34) 자세한 방법은 143, 158쪽 참조.

[QR 3-2-7] 민요 퀴즈 과제 양식 다운로드[35]

① 설문지 설정 탭에서 '퀴즈로 만들기'를 활성화한 후, 질문의 왼쪽 아래에 있는 '답안' 아이콘을 클릭합니다. 이곳에서 정답에 해당하는 문항을 클릭하고 화면 오른쪽에서 점수를 입력합니다. 답변 관련 의견 추가를 클릭하여 답에 대해 부연 설명을 할 수 있고 링크와 영상 첨부가 가능합니다.

[그림 3-2-83] 퀴즈 과제에서 답안 및 점수 입력, 답변 관련 의견 추가하는 방법

② 학생들이 설문지를 제출하면 교사는 응답 탭에서 응답을 확인합니다. 'Sheets에 연결'을 클릭하면 스프레드시트로 응답 결과를 볼 수 있습니다. 설문지를 그만 받

---

35) bit.ly/민요퀴즈

고 싶다면 응답받기를 비활성화합니다. 요약 탭에서는 객관식 응답 결과가 그래프로 나옵니다. 개별 보기 탭에서는 학생이 개별적으로 제출한 답을 확인하고, 응답을 삭제할 수도 있습니다.

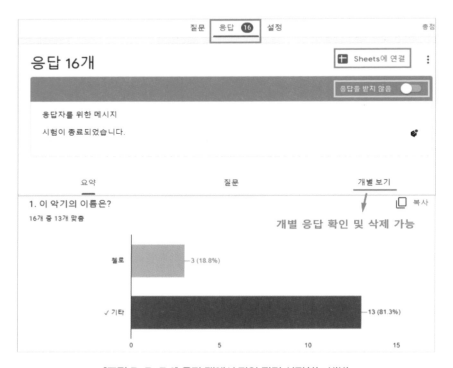

[그림 3-2-84] 응답 탭에서 답안 관련 설정하는 방법

자. 드라이브

드라이브(Drive)는 구글 도구로 작업한 모든 결과물이 자동 저장되는 중요한 공간으로, 클라우드 기반이라서 공동 작업이 가능합니다. 폴더 또는 파일을 다른 사람과 공유한다면 드라이브 메뉴 중 '공유 문서함'에서 자료를 확인할 수 있습니다. 이를 활용하여 모둠 활동이나 학급 전체가 뮤직비디오 제작을 쉽게 할 수 있습니다. 드라이브에서 학생들이 음원, 이미지를 순식간에 공유할 수 있기 때문입니다.

1) 공유 폴더로 모둠별 랩 뮤직비디오 만들기

> 주요 내용: 폴더 생성, 공유 권한, 폴더 색 변경, 중요 문서함에 추가

공유 폴더[36]를 활용해 모둠별로 랩 뮤직비디오를 제작하는 프로젝트 수업을 진행했습니다. 학급에서 모둠을 편성하여 래퍼, 작사가, 음원 편집, 영상 제작 등으로 역할을 나누고, 각 모둠원들의 수행 결과물은 드라이브의 공유 폴더에 수합했습니다.

① 드라이브에서 폴더를 생성하고, 파일명에 모둠 이름을 씁니다. 폴더는 마우스 우클릭하여 학생들에게 편집자 권한을 부여합니다.

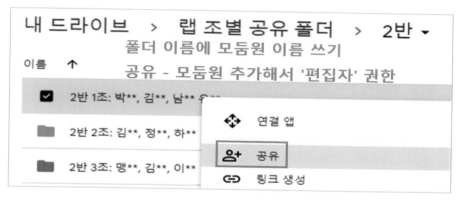

[그림 3-2-85] 폴더 생성하고 파일명, 공유 권한 설정

② 학생들은 각자의 모둠별 폴더에 접속하여 자료를 업로드합니다. 래퍼는 랩 연습하면서 녹음한 음원을 올리고, 작사가는 문서로 가사를 쓰고, 음원과 영상 제작 담당은 자료를 제작하여 폴더에 업로드합니다. 교사는 이 과정을 지켜보며 관찰평가를 합니다.

---

36) 구글 워크스페이스에서는 본격적인 협업을 위한 공간으로 공유 드라이브를 따로 만들어 사용할 수 있습니다. 공유 폴더가 자신이 소유한 폴더 하나를 공유하는 것인 반면, 공유 드라이브는 협업을 위해 별도의 공간을 따로 구성한다는 차이가 있습니다. 공유 드라이브의 경우 일반 구글 계정(id@gmail.com) 사용자들은 초대받기 전에는 활용이 불가하므로 이 책에서는 언급을 생략합니다.

[그림 3-2-86] 공유 폴더에 모둠원들이 각자 활동한 자료 수합

③ 폴더를 마우스 우클릭하고 폴더 색 변경, 중요 문서함에 추가를 하면 공유 폴더를 쉽게 찾을 수 있습니다.

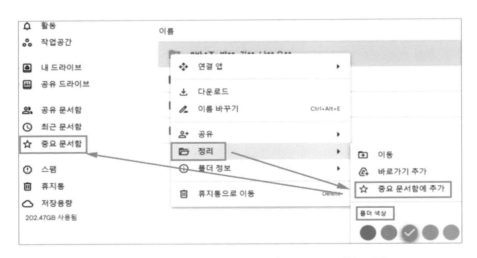

[그림 3-2-87] 폴더를 중요 문서함에 추가, 색상 변경하는 방법

이렇게 모은 결과물을 활용하여 모둠별 랩 뮤직비디오를 쉽게 만들었습니다.

[QR 3-2-8] 공유 폴더를 활용하여 완성한 모둠별 랩 뮤직비디오[37]

2) 공유 폴더로 교가 뮤직비디오 만들기

주요 내용: 목록 레이아웃, 동영상 댓글 피드백, 모바일 버전 드라이브 사용법

옛날에 제작하여 다소 촌스러운 교가 뮤직비디오를 리모델링하는 수업을 했습니다. 학교의 다양한 모습을 스마트폰으로 촬영하고 공유 폴더에 업로드한 뒤 학급 학생들이 영상에 자료로 활용했습니다. 사진 자료와 교가 음원을 일괄 다운로드해서 학생들이 각자 교가 뮤직비디오를 제작했는데, 단 2시간 만에 교가 뮤직비디오를 완성했습니다. 교가 가창 수업 이후에 연계하기 좋으며, 교가를 새롭게 녹음하여 음질이 세련되게 향상된 음원을 추가할 수도 있습니다.

---

37) bit.ly/모둠랩

[QR 3-2-9] 공유 폴더에 수합한 이미지로 교가 영상 제작[38]

① 화면 오른쪽의 원형 아이콘을 클릭하면 레이아웃 스타일을 목록형과 그리드형으로 바꿀 수 있습니다. 아래 화면처럼 목록형으로 설정하면 사진을 업로드한 학생 이름, 날짜 확인이 가능합니다. 이를 근거로 사진을 실제로 올린 학생들만 생활기록부 특기 사항을 적어주었습니다.

이름	마지막으로 수정한 날짜 ↓	파일 크기
20220411_150930.jpg	2022. 4. 11. 신: 10413	2.3MB
IMG_1093.HEIC	2022. 4. 11. 김: 10504	2.6MB
IMG_1095.HEIC	2022. 4. 11. 김: 10504	3.6MB
IMG_0262.HEIC	2022. 4. 11. 조: 10625	2.4MB
IMG_1066.HEIC	2022. 4. 11. 김: 10504	4.5MB
20220404_155833.jpg	2022. 4. 11. 김: 10209	6.7MB
20220404_155916.jpg	2022. 4. 11. 변: 10711	7.8MB

2. 교가 영상 만들기 > 학교 봄 풍경 ▾

목록형, 그리드형 전환

[그림 3-2-88] 드라이브의 목록형 레이아웃에서 자료 업로드한 학생 확인

위와 동일한 방법으로 민요 캠페인송 영상 제작(158쪽), 티처블 머신으로 악기 종류를 판별하는 머신러닝 제작(105쪽)에 필요한 자료를 수집했습니다.

---

38) bit.ly/교가영상

[그림 3-2-89] 투닝으로 그린 웹툰 이미지 수합(그리드형 레이아웃)

② 드라이브에 올린 영상에 댓글을 달아 학생에게 피드백을 줄 수도 있습니다. 영상을 실행하고 화면 오른쪽의 댓글 아이콘을 클릭합니다.

[그림 3-2-90] 드라이브에 올린 영상에 댓글로 피드백 전송

③ 학교 사진을 스마트폰으로 촬영한 뒤 드라이브에 어떻게 업로드하는지 몰라 난감해하는 학생들이 많습니다. 모바일 버전 드라이브 앱에서는 화면 오른쪽의 파일을 클릭하면 파일 업로드가 가능합니다. 자세한 방법은 QR코드에 연결된 설명서에 있습니다.

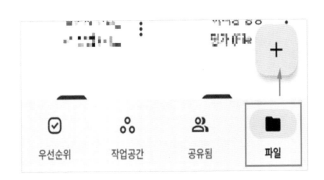

[QR 3-2-10] 모바일 기기에서 드라이브 파일 업로드하는 설명서[39]

차. 클래스룸 과 카미

클래스룸(Classroom)은 클라우드 기반의 LMS(Learning Management System), 즉 학습 관리 시스템입니다. 과제 제시, 수업 자료 공유, 수행평가 일정 공지 등을 한곳에서 할 수 있고 학습자의 학습 진도를 관찰하며 피드백을 제공하기에 편리합니다.

---

39) ior.ad/82RC

[그림 3-2-91] 클래스룸 메인 화면

1) 카미(Kami)로 PDF, 이미지 과제에서 쌍방향 피드백하기

이 책에서 다루는 AI, 에듀테크, 구글 도구와 관련된 과제는 클래스룸에서 편리하게 배포할 수 있으며, 여기에 카미(Kami)라는 크롬 브라우저의 확장 프로그램을 설치하면 과제 피드백까지 수월해집니다. 클래스룸과 연동된 카미로 PDF와 이미지 파일에서 쌍방향 피드백을 제공하는 방법을 소개해드리겠습니다. 교사와 학생 입장으로 나누어서 설명해드립니다.

[그림 3-2-92] 크롬 웹스토어에서 검색한 카미 확장 프로그램

① 크롬 웹스토어에서 카미(Kami)를 검색하여 설치하면, 클래스룸에서 카미로 바로 접속하는 아이콘이 생깁니다. 클래스룸의 수업 과제 탭 – 만들기 – Kami assignment를 클릭합니다.

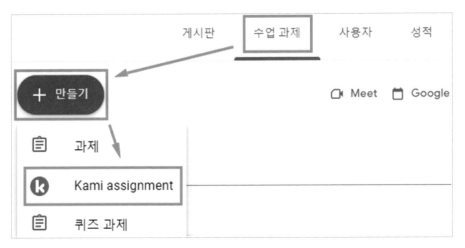

[그림 3-2-93] 클래스룸에서 카미로 과제를 배포하는 경로

② Continue with Google(구글 간편 로그인) – Get started – Start Free Trial을 클릭합니다. Start Free Trial은 영어 메시지라서 학생들이 가입할 때 당황하는데, 무료 체험판을 시작한다는 뜻이라고 안내해줍니다. 카미는 유료 확장 프로그램으로 90일간 무료로 체험할 수 있습니다. 1년에 99달러이며, 학교 예산으로 구매하는 경우도 많습니다.

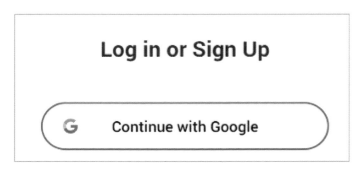

[그림 3-2-94] 카미에 쉽게 가입하는 구글 간편 로그인

③ 카미의 과제 배포 화면으로, 클래스룸의 과제 생성 화면과 구성이 같습니다. PDF나 이미지 파일을 첨부하고 Assign을 클릭하면 클래스룸에 과제가 배포됩니다.

파일을 첨부하면 배포 권한을 3개 중에서 선택하게 되는데, Make a copy for each student(학생별로 사본 제공)을 클릭합니다.

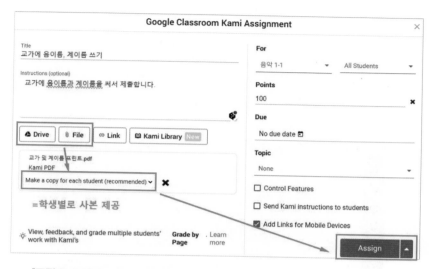

[그림 3-2-95] 첨부 파일을 Make a copy for each student 권한으로 배포

④ 클래스룸에서 배포된 과제의 화면 오른쪽에 Open with Kami라는 링크가 추가되었습니다. 이 링크는 첨부된 PDF나 이미지 파일을 열어도 보이며, Open with Kami를 클릭해야 카미를 활용하여 과제에 피드백할 수 있습니다. 학생이 과제를 제출할 때에도 마찬가지입니다.

[그림 3-2-96] 과제에 Open with Kami 링크가 첨부된 화면

⑤ 'Open with Kami'를 클릭하면 화면 왼쪽 메뉴에서 다양한 기능을 선택할 수 있습니다. 필기, 그리기, 댓글로 소통하기, 녹음, 화면 녹화, 영상 삽입 등이 쌍방향으로 가능해집니다.

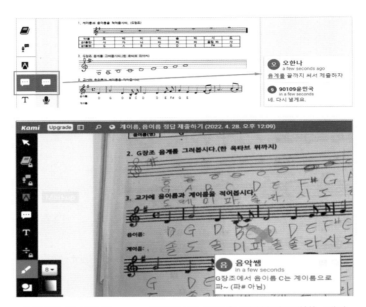

[그림 3-2-97] Comment(댓글) 기능으로 학생에게 피드백하는 예시

⑥ 과제를 제출할 때에는 화면 오른쪽의 'Turn in(제출)' 아이콘을 클릭합니다. 또는 자동 저장이 되므로, 카미 창을 닫고 클래스룸에서 '제출'을 클릭해도 됩니다.

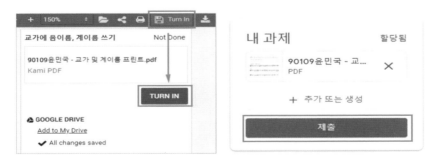

[그림 3-2-98] 과제 제출하는 법(좌: 카미에서 TURN IN / 우: 클래스룸에서 제출 클릭)

03 구글 도구 SOS: 학생들의 돌발 질문에 대처하기

구글 도구로 수업을 하다가 예상치 못한 오류가 발생하여 당황하는 일이 생기기도 합니다. 대부분 공유 권한, 계정, 브라우저와 관련된 오류이며 계정과 브라우저 오류는 모바일 기기(스마트폰, 태블릿)으로 수업할 때 나타납니다. 오류 유형별로 대처 방법이 담긴 QR코드를 준비했습니다. 링크를 학생에게 전달하면 됩니다.

가. 공유 권한 오류 대처법

1) 상황

학생에게 과제를 배포했는데 액세스 권한이 필요하다는 메시지가 떠서 과제를 하지 못하는 상황입니다.

[그림 3-3-1] 파일에 접근(액세스) 권한이 필요하다는 화면

2) 해결 방법

과제 파일의 오른쪽에 있는 '공유'를 클릭하고 공유 권한 범위를 수정합니다. 일반 액세스 범위가 제한됨으로 되어 있다면 파일 주인만 볼 수 있는 상황입니다. 학교 또는 교육청 계정 또는 링크가 있는 모든 사용자로 선택합니다. 이후에 뷰어, 댓글 작성자, 편집자 중에서 권한을 정합니다.

[그림 3-3-2] 파일에 권한 부여하는 경로

일반 액세스 3가지 권한

1. 제한됨: 특정한 사람만 초대해서 공유합니다. 동료 교사와 함께 시험 문제를 출제하거나, 외부로 유출되면 안 되는 상담일지를 작성할 때 유용합니다. 팝업의 사용자 및 그룹 추가에서 함께 작업할 사람의 계정을 검색해서 편집자 권한을 줍니다.

2. 학교 또는 교육청: 학교 또는 교육청 계정을 쓰는 사람만 접근하는 권한입니다. 학생, 교직원 모두 링크가 있으면 편집 가능합니다.

3. 링크가 있는 모든 사용자: 파일 링크가 있다면 누구나 접속할 수 있으며, 유일하게 익명 권한입니다. 구글 계정 없이도 파일을 볼 수 있도록 하고 싶다면(예: 학부모에게 파일 전송) 이 권한으로 설정합니다.

[표 3-3-1] 일반 액세스 3가지 권한의 특징

나. 계정 오류 대처법

1) 상황

설문지 과제를 배포했는데, 모바일 기기로 수업하는 학생 화면에서 권한이 필요하다는 알림 메시지가 뜨는 경우가 많습니다. 이 현상은 모바일 기기 안에 구글 계정이 여러 개 있을 때, 설문지에 학교 계정이 아닌 다른 계정으로 접속해서 나타나는 현상입니다.

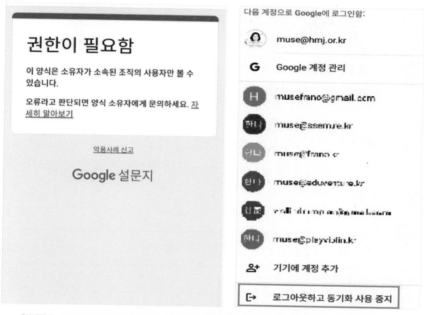

[그림 3-3-3] 좌: 모바일에서 설문지 권한 알림 / 우: 기기에 저장된 구글 계정 목록

2) 해결 방법

① 모바일 기기에서 크롬 브라우저를 학교 계정으로 동기화하면 해결되며, 아래 QR코드에 자세한 방법이 있습니다. 모바일 버전의 크롬 브라우저에서는 하나의 계정만 동기화할 수 있으며, 동기화된 계정에 접근 우선권이 주어집니다. 따라서 학교 계정으로 동기화를 해놓으면 학교에서 배포한 구글 설문지 등을 열 때 위와 같은 '권

한이 필요함' 메시지가 뜨지 않습니다. 만약 일반 계정으로 이미 동기화가 되어 있다면, [그림 3-3-3]의 오른쪽 화면처럼 '로그아웃하고 동기화 사용 중지'를 클릭한 다음 다시 학교나 교육청 계정으로 로그인하여 동기화합니다.

② 위의 방법으로 해결이 안 되면 학교나 교육청 구글 계정 하나만 남기고 불필요해 보이는 다른 계정을 삭제해봅니다.

[QR 3-3-1] 모바일에서 크롬 브라우저
학교 계정으로 동기화하는 방법40)

[QR 3-3-2] 삼성 모바일 기기에서
구글 계정 삭제하는 법41)

③ 임시방편으로 설문지의 설정 탭에서 권한을 바꿀 수도 있습니다. '학교 또는 교육청'의 사용자로 제한을 비활성화합니다. 이렇게 설정하면 일반 계정으로 접속해도 설문지 작성이 가능합니다.

[그림 3-3-4] 설문지 설정 탭에서 사용자 제한 조정

---

40) ior.ad/82vD
41) ior.ad/8jFz 공용 태블릿을 사용하는 경우에도 태블릿 반납 전에 이 설명서처럼 계정을 삭제하면, 여러 학생의 로그인 정보가 섞이지 않습니다.

다. 브라우저로 인한 오류 대처법

1) 상황

구글 도구를 비롯한 AI, 에듀테크 사이트를 이용하다가 어떤 오류가 발생합니다. 예컨대 설문지에서 다음 단계로 넘어가지 못하거나, 크롬 확장 프로그램이 안 보이는 등의 상황입니다. 상당수의 경우는 크롬 브라우저가 아닌 타 브라우저로 접속해서 일어나는 현상입니다.

2) 해결 방법

크롬 브라우저로 다시 접속합니다. 기기의 기본 브라우저를 크롬으로 설정하면 더욱 편리합니다. 링크를 클릭했을 때 크롬 브라우저에서 일차적으로 열리게 됩니다.

[QR 3-3-3] 안드로이드 모바일에서 크롬을 기본 브라우저로 설정하기[42]

(1) 웹 버전: 크롬과 엣지 브라우저의 차이

브라우저 오른쪽의 점 3개의 방향을 확인합니다. 크롬 브라우저는 점 3개가 세로, MS의 엣지 브라우저는 점 3개가 가로로 있습니다. 윈도우를 사용하는 컴퓨터에서는 엣지 브라우저가 기본으로 설치되어 있으므로, 크롬 브라우저를 기본 앱으로 변경하시면 각종 에듀테크 사이트를 편하게 이용하실 수 있습니다.

---

42) ior.ad/82vF

크롬 브라우저(세로 점 3개)	
엣지 브라우저(가로 점 3개)	

[그림 3-3-5] 크롬과 엣지 브라우저의 아이콘 차이

(2) 모바일 버전: 크롬과 사파리, 삼성 브라우저의 차이

모바일 버전의 운영체제는 크게 IOS와 안드로이드 2가지가 있습니다. IOS 기반 (아이폰, 아이패드)에서는 사파리, 안드로이드 기반(삼성, LG 등)은 삼성과 네이버 브라우저를 주로 씁니다. 아래의 브라우저로 이 책에서 설명한 사이트들에 접속하면 간혹 오류가 발생하기도 합니다.

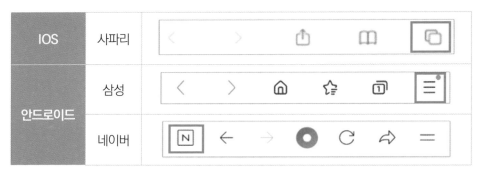

IOS	사파리	
안드로이드	삼성	
	네이버	

[그림 3-3-6] 모바일 기기의 사파리, 삼성, 네이버 브라우저

라. 모바일 앱이 없는 구글 도구 접속하는 법

1) 상황

사이트, 설문지, 내 지도 등 모바일 전용 앱이 없는 도구를 태블릿에서 접속했을 때 컴퓨터 화면처럼 제약 없이 이용하고 싶습니다.

2) 해결 방법

크롬 브라우저의 '데스크톱 사이트'를 체크하면 어느 정도 해결됩니다. 데스크톱, 즉 컴퓨터에서 작동하는 PC 브라우저처럼 모바일 브라우저를 바꾸는 기능입니다. 크롬 브라우저의 오른쪽 위에 점 3개(⋮)를 클릭하고, '데스크톱 사이트'를 체크합니다(IOS에서는 브라우저 아래에 위치). 화면의 글씨가 작아지는 단점은 있으나, 모바일에서 제한적인 기능을 활용할 수 있어서 좋습니다. 이 방법은 AI, 에듀테크 사이트에서도 일부 기능이 보이지 않을 때 응용할 수 있습니다.

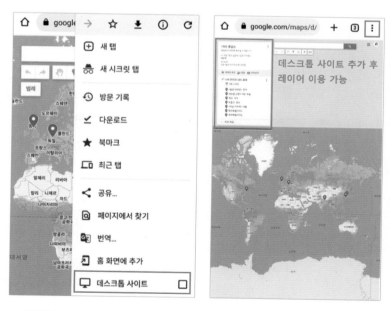

[그림 3-3-7] 모바일에서 데스크톱 사이트 체크하기 전과 후(내 지도 기준)

마. 구글 도구 내에서 사진, 영상 검색이 제한적인 경우

1) 상황

프레젠테이션, 문서, 스프레드시트, 설문지, 사이트는 도구 안에서 사진과 유튜브 영상을 검색하여 삽입할 수 있습니다. 그러나 구글에서 직접 검색했을 때보다 검색되는 사진 개수가 적고, 유튜브 영상은 검색되지 않는 경우가 있습니다.

2) 해결 방법

① 이미지 검색 제한은 저작권과 관련이 있습니다. 구글 도구 내 웹 검색에서는 '크리에이티브 커먼즈 라이선스' 상태의 이미지만 보이는 현상이라고 학생들에게 알려줍니다. 구글 검색창에서 이미지를 검색하고, 이미지 탭을 선택하면 세 종류의 이미지 저작권을 확인할 수 있습니다.

[그림 3-3-8] 구글 검색창에서 특정 저작권 상태의 이미지 찾는 경로

1. 전체: 제한 없이 모든 사람이 사용 가능
2. 크리에이티브 커먼즈 라이선스: 저작권자에게 허락받거나 돈을 내지 않고도 사용 가능
3. 상업 및 기타 라이선스: 상업적으로 사용 금지, 저작권자에게 허락받고 유료로 사용

[표 3-3-2] 구글 검색창에서 선택 가능한 이미지 저작권 세 종류

② 유튜브 채널을 개설하지 않으면, 구글 도구에서 유튜브 영상이 검색되지 않습니다. 유튜브에 접속해서 화면 오른쪽의 계정 아이콘을 클릭하고, 채널 만들기를 하면 구글 도구 내에서도 영상 검색이 가능합니다.

[그림 3-3-9] 유튜브에서 채널 만드는 경로

04 크롬북: 수업 격차는 줄이고, 수업 환경은 편하게!

전국적으로 교육청에서 크롬북(Chromebook)을 보급하는 사례가 늘고 있습니다. 2022 개정 교육과정에 디지털 교과서, AI 수업이 도입되고 이를 위해 스마트 기기가 필요하기 때문입니다.[43]

크롬북은 노트북과 태블릿이 합쳐진 형태입니다. 노트북처럼 키보드가 있어서 글쓰기가 편하고, 태블릿처럼 화면 터치가 되어서 마우스 잡기가 미숙한 어린 학생들도 쉽게 화면 조작을 할 수 있습니다. 펜으로 글쓰기, 그림 그리기도 가능합니다. 저는 모바일 기기(스마트폰, 태블릿)과 크롬북을 모두 수업에서 활용했는데 이 중에서 크롬북이 가장 편리했습니다. 크롬북은 수업 격차를 줄이고, 학생과 교사의 수업 환경은 편하게 만들어주는 놀라운 기기입니다.

[그림 3-4-1] 크롬북의 키보드와 펜으로 수업하는 모습

---

43) "AI튜터가 학습 방향 조언…올해 1인 1스마트 기기 보급", <조선일보>, 2023.01.27., www.chosun.com/special/special_section/2023/01/27/NAG6VHU455FEPNWZW347RH6XSU (접속일자: 2023.02.26.).

가. 웹 앱 중심의 기기

크롬북은 크롬OS를 운영체제로 사용하고, 클라우드를 기반으로 하는 노트북입니다. 컴퓨터처럼 프로그램을 기기에 설치할 수는 없지만, 크롬 브라우저로 웹 앱(Web app)에 접속하여 컴퓨터에서 하던 대부분의 작업을 할 수 있습니다. 예컨대 영상을 녹화하고 편집할 때 영상 편집 프로그램을 설치하지 않고 캔바(canva.com)에 접속해서 작업이 가능합니다. 이 책에서 소개한 구글 도구, AI, 에듀테크 사이트가 모두 웹 앱에 해당합니다. 웹 앱은 대부분 데이터를 클라우드에 저장하기 때문에, 크롬북은 저장 용량이 많이 필요 없습니다. 인터넷 연결과 계정만 있으면 됩니다.

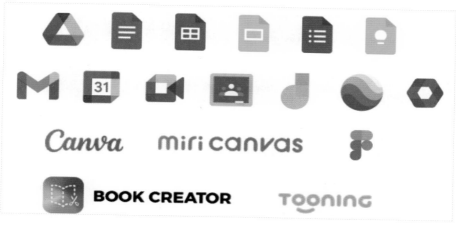

[그림 3-4-2] 다양한 웹 앱 아이콘

나. 계정 관리의 편리성

로그인 성공 여부는 에듀테크를 활용한 수업에서 격차가 발생하는 첫 번째 단계입니다. 구글 로그인에 성공한 학생은 이미 진도를 혼자 쭉쭉 나가고, 아이디와 비번을 잊어버린 학생은 교사가 도와주는 과정에서 수업이 지연됩니다. 또한 모바일 기기(스마트폰, 태블릿)로 수업하면 계정 충돌 현상을 겪는 학생도 많습니다. 학생과 교사가 모두 난감한 순간입니다.

크롬북으로 수업하면 이런 문제가 해결됩니다. 크롬북에 구글 계정을 입력하여 처음 로그인하는 순간부터 크롬북은 그 구글 계정에 완전히 동기화됩니다. 따라서 크롬 브라우저로 어떠한 웹 앱에 접속하더라도 구글 계정으로 간편 로그인이 가능합니다.

[그림 3-4-3] 구글 싱글 사인온(간편 로그인)

크롬북은 완벽하게 계정 전환까지 해줍니다. 기기에 아무리 많은 구글 계정을 저장하더라도, 각 계정마다 독립된 환경을 유지하기 때문에 계정이 충돌하는 일이 없습니다. 덕분에 수업 지연이 없고 학생들의 수업 격차도 줄어듭니다.

[그림 3-4-4] 여러 계정이 있어도 완벽하게 계정이 전환되는 크롬북

다. 컴퓨터 화면처럼 열리는 웹페이지

구글을 비롯한 각종 에듀테크 도구는 컴퓨터와 모바일 기기(스마트폰, 태블릿)로 접속했을 때 화면이 다른 경우가 많습니다. 모바일 기기에서는 별도의 앱을 설치하거나 혹은 모바일에 최적화되도록 수정된 웹 페이지가 열리는데 컴퓨터 버전보다 기능이 줄어들기도 합니다. 사용 방법이 다소 복잡한 것입니다.

예를 들어, 모바일 기기로 클래스룸에 접속하여 문서 과제를 작성하는 과정은 단순하지 않습니다. 문서에서 글쓰기는 컴퓨터에서 바로 되지만, 모바일 기기에서는 몇 가지 단계를 거쳐야 가능해집니다. 과제를 내기 위해 해결해야 할 과정들이 늘어날수록 학생들은 혼란스럽고, 이를 도와주다가 교사도 지치게 됩니다. 학습 능력이 낮은 학생들은 질문조차 하지 않고 과제 수행을 포기하기도 합니다. 이렇게 에듀테크 수업 격차가 벌어지는 상황이 안타까워서 아이오라드로 사용 설명서를 배포하며 학생들을 도왔습니다.

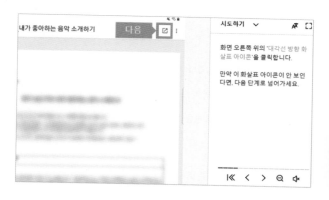

[QR 3-4-1] 아이오라드로 모바일에서 문서 작성하는 과정 설명44)

반면에 크롬북은 컴퓨터에서 보이는 원래 버전의 웹페이지가 그대로 열립니다. 컴퓨터로 해왔던 모든 활동을 제약 없이 할 수 있으니 학생도, 교사도 수업하기 편합니다.

---

44) ior.ad/80uf

라. CEU로 완벽한 환경 제어

에듀테크 수업을 하면 학생들이 교사 몰래 게임이나 SNS 사이트에 접속하는 일이 빈번합니다. 크롬북에서는 CEU(Chrome Education Upgrade) 기능 덕분에 수업에 몰입하는 환경을 조성할 수 있습니다. CEU는 구글에서 제공하는 크롬북 제어 프로그램(유료)으로 최근 보급된 크롬북에는 대부분 포함되어 있습니다.

워크스페이스 관리자는 로그인된 계정이 특정 사이트에 접속하지 못하도록 차단하거나 허용된 앱만 설치하도록 하는 등 여러 제어를 할 수 있는데, CEU를 통해 일반 구글 계정이나 게스트 로그인을 차단하면서 오로지 학교 계정으로, 교육적 목적으로만 사용되도록 제어된 환경에서 크롬북을 사용하도록 만들 수 있습니다. 262쪽에서 설명했던 대로 설문지를 활용한 퀴즈 과제도 CEU가 포함된 크롬북에서는 통제된 환경에서 풀 수 있으므로, 내신이 반영되는 수행평가에서 활용할 수 있습니다.

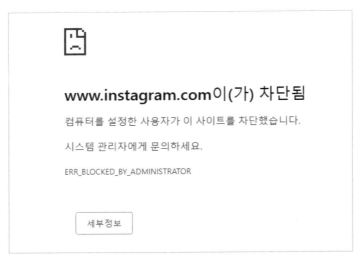

[그림 3-4-5] 구글 관리 콘솔에서 SNS 접속을 차단한 예시

닫는 말:
미래형 음악 수업을 체계적으로 준비하는 법

제가 안내하는 미래형 음악 수업의 긴 여정이 끝났습니다. 이제는 선생님들이 길을 개척하실 차례입니다. 이 책을 보시고 AI, 에듀테크, 구글 도구를 공부하고 싶다는 의욕이 생기시면 좋겠습니다. 공부는 무엇부터 시작해야 하는지, 질문은 어디에서 해야 하나 궁금하시길 바라며 제가 에듀테크의 세계에 입문했던 경로를 소개해드리겠습니다.

1) 구글 공인 교육 전문가 단계1, 단계2 공부

피아노 교재 하농(Hanon)처럼, 에듀테크 기본을 다지는 끝판왕은 구글 도구라고 생각합니다. 앞서 살펴본 바와 같이 구글 도구는 공유와 협업이라는 큰 틀로 이루어졌습니다. 이 원리를 터득하고 천천히 수업에 적용하면 언젠가 구글 도구를 자유롭게 다룰 수 있습니다. 손발이 자유로워지는 순간, 구글 도구를 활용해서 수업을 구성할 아이디어가 머릿속에 쉽게 떠오릅니다.

구글 공인 교육 전문가 단계1, 단계2를 준비하면, 구글 도구의 온갖 메뉴를 열어보고 어떤 아이콘을 클릭했을 때 어떤 결과가 나오는지 확인하면서 구글 도구의 숨겨진 기능들을 섭렵하게 됩니다. 단계1은 구글 워크스페이스의 핵심이 되는 주요 도구들을 얼마나 잘 교육을 위해 적용할 수 있는지 검증하고, 단계2는 단계1보다 더 많은 서비스와 더욱 심화된 기능을 다룹니다. 저는 단계2 시험을 합격한 이후에 수업과 업무를 바라보는 눈이 많이 달라졌고, 구글 도구를 활용한 수업 방법을 개발할 수 있었습니다. 또한 누구나 평등하게 정보에 접근할 수 있어야 한다는 구글의 철학을 시험공부 하면서 접하게 되고, 이를 기반으로 학생들의 에듀테크 격차를 줄일 방안을 연구하게 되었습니다.

시험이라고 하면 어렵겠다는 생각으로 거부감이 들 수 있지만, 생각보다 도전할

만하고 시험에 통과하면 에듀테크에 자신감이 생깁니다. 한국어로 객관식 문제가 출제되며, 웹캠이 달린 컴퓨터 앞에서 오픈북 형식으로 시험을 봅니다. 단계2 합격 이후에는 트레이너, 코치, 혁신가(이노베이터)와 같은 전문가 과정에도 지원할 수 있습니다.

시험 비용은 단계1, 단계2가 각각 10달러, 25달러 소요됩니다. 유튜브에서 '구글 교육 전문가'라고 검색하면 시험 범위를 주제로 강의하는 영상이 많습니다. 속성으로 3일 만에 시험을 통과하는 사람들도 있지만 여유롭게 몇 주에 걸쳐서 실습하며 공부하시기를 추천합니다. 도구들을 심도 있게 체험하며 숨겨진 기능들을 확인하는 재미가 쏠쏠합니다.

[QR 1] 구글 공인 교육 전문가 소개(단계1~2, 트레이너, 혁신가, 코치)*

2) 지역별 GEG 가입

GEG(Google Educator Group)는 구글 활용 교육에 관심 있는 교육자들이 지역별로 함께 모여 활동하는 학습 공동체입니다. 지역마다 다르지만 대개 월 1회 정기모임을 인터넷으로 진행하며, 구글 도구를 활용한 방법을 연구하고 개발하여 서로 공유합니다.

구글뿐만 아니라 AI, 에듀테크와 관련된 최신 정보도 GEG 활동을 하면서 배울 수 있습니다. 저는 구글 → 에듀테크 도구 → AI, 메타버스 순으로 관심사와 역량이 확장되었습니다. 마치 하농과 바이엘로만 피아노 기초 연습을 하다 보면, 슬슬 어려운 곡에 도전하고 싶어지는 그런 느낌입니다. GEG 활동을 하다 보면 구글에서 시작하여 점점 다양한 에듀테크 도구에 기웃거리게 될 겁니다.

정말 열심히 활동하는 GEG 회원들은 배움에 안달이 났습니다. 서로 공부해서 좋은 정보를 공유하는 기쁨을 누리고, 어떻게 하면 수업과 업무를 혁신적으로 바꿀 수

---

* bit.ly/구글교육자

있는지 촉을 세우면서 요즘 핫한 에듀테크 도구들을 실험하고 소개합니다. 공부는 환경이 중요하듯이, GEG 활동을 하면 어느새 선한 영향력을 받아서 공부하고 싶어집니다. 발전적인 방향으로 성장하고 싶다면 GEG 가입을 추천합니다.

[그림 1] GEG KOREA 가입 화면(www.gegkorea.net/groups)

3) 지식샘터 강의

KERIS(한국교육학술정보원)에서 운영하는 지식샘터는 전국적으로 뜨거운 교사들의 인강 사이트입니다. 강의비는 무료이고, 매월 1일부터 수강 신청을 하며, 연수 이수를 완료하면 1개월 뒤 나이스(NEIS)에 연수 기록이 자동으로 남습니다. 지식샘터는 AI, 에듀테크와 관련된 수업이 다양하게 개설되어 국내 에듀테크 수업의 최신 유행을 가늠할 수 있는 곳입니다.

실시간으로 줌(Zoom)을 활용해 진행하며, 연수 중에 강사와 피드백을 주고받으며 실습할 수 있습니다. 이 책에서 소개한 도구 중에서 특정 도구를 자세히, 천천히 배우고 싶다면 지식샘터 검색창에서 도구 이름을 검색하여 강의를 신청하면 됩니다.

[그림 2] 지식샘터 메인 화면

　이렇게 공부할 수 있는 주변 환경을 만들어놓으면 미래형 음악 수업으로 한 발짝 가까이 가게 됩니다. AI가 대세인 세상에서 구글과 관련된 정보를 많이 소개하니 의아할 수도 있습니다. 당연히 구글을 건너뛰고 바로 에듀테크 도구나 AI, 메타버스부터 공부해도 됩니다. 그러나 제 경험에 비추어 볼 때, 피아노에서 기초 연습을 생략하고 바로 곡 연주로 넘어간 느낌이어서 처음에 다소 헤맬 수도 있습니다. 마치 게임을 많이 해본 학생들이 어떤 게임을 접하더라도 금방 익숙해지듯이, 구글을 활용하여 웹 앱 사용에 대한 기본기를 다진다면 손발이 자유로워져서 어떠한 AI나 에듀테크를 접하더라도 두렵지 않으리라고 생각합니다.

　이 책으로 미래형 음악 수업의 영감을 받고, 학생들에게 쉬운 방법으로 음악적 해방감을 안겨주는 수업을 함께 고민하면 좋겠습니다. 그리하여 음악 수업의 지평을 함께 넓혀가기를 기대합니다. 지금까지 함께해주셔서 감사합니다.

2023년 2월 저자 오한나

참고 문헌

1. 단행본

김영운, <국악개론>(음악세계, 2022).

변문경 외, <ChatGPT 인공지능 융합 교육법>(다빈치books, 2023).

심영섭, <국악에 기술 한 방울>(동락, 2022).

오희숙·이돈응·안창욱 외, <음악에서의 AI와 포스트휴머니즘 미학>(모노폴리, 2022).

2. 인터넷 매체 기사

"[분수대] 기후와 국민성", <중앙일보>, 2001.07.18.,
www.joongang.co.kr/article/4106733(접속일자: 2023.02.20.).

"[사설] 모두가 알면서도 해결 못하는 OECD 1위 한국 자살률", <매일경제>, 2022.07.27.,
www.mk.co.kr/news/editorial/10400837(접속일자: 2023.02.22.).

새 교육과정 기초 소양 '디지털'…초등교사 과반 "평가 어떻게?" <뉴시스>. 2023.09.11., newsis.com/view/NISX20230911_0002445355(접속일자: 2024. 12.10.).

"[오민용의 인공지능] 3. AIVA와 BTS 음악 비교를 통한 AI 음악 지능의 창조성", <스마투스 경제신문>, 2022.03.08.,
www.sbr.ai/news/articleView.html?idxno=1125(접속일자: 2023.02.23.).

"2억뷰 'K흥 열풍' 이날치는 그렇게 시작됐다", <서울경제신문>, 2020.10.16.,
www.sedaily.com/NewsView/1Z95IIFH5P(접속일자: 2023.02.26.).

"음악이 흐르는 아침 덴차 푸니쿨리 푸리쿨라", <한경닷컴>, 2013.08.20.,

www.hankyung.com/life/article/2013082046221(접속일자: 2023.02.20.).

"챗GPT, 어쩜 이리 자연스럽니", <주간경향>, 2023.01.09.,
m.weekly.khan.co.kr/view.html?med_id=weekly&artid=20221230145600
1&code=114(접속일자: 2023.02.27.).

"AI, 작곡의 미래가 되다", <AI타임스>, 2019.04.08.,
www.aitimes.com/news/articleView.html?idxno=46816(접속일자:
2023.02.24.).

"AI법, 국회 법안소위 통과…'세계 최초' 인공지능법 생길까[챗GPT 열풍].", <쿠키
뉴스>, 2023.02.14., www.kukinews.com/newsView/kuk202302140172(접
속일자: 2023.02.24.).

"AI튜터가 학습 방향 조언…올해 1인 1스마트 기기 보급", <조선일보>,
2023.01.27.,
www.chosun.com/special/special_section/2023/01/27/NAG6VHU455FEP
NWZW347RH6XSU(접속일자: 2023.02.26.).

"BTS 슈가, 대취타 앞세워 빌보드 11위…한국 신기록", <JTBC뉴스>, 2020.06.02.,
news.jtbc.co.kr/html/425/NB11953425.html(접속일자: 2023.02.26.).

3. 인터넷 사이트

"시각장애인의 이해 – 시각장애인을 대하는 에티켓", <한국시각장애인복지관>,
bit.ly/시각장애에티켓(접속일자:2022.02.20.).

"점자일람표", <실로암 시각장애인음악재활센터>, bit.ly/점자일람표(접속일자:
2023.02.22.).

"코다이 손기호 익히기", <에듀넷>, www.edunet.net(접속일자: 2022.02.18.).

"A Deaf Composer Holds Out for Science : Only Human", <WNYC STUDIOS>,
www.wnycstudios.org/podcasts/onlyhuman/episodes/deaf-composer(접속
일자: 2023.02.09.).

"DDSP: Differentiable Digital Signal Processing", <Magenta>,
magenta.tensorflow.org/ddsp(접속일자: 2023.02.10.).

4. 유튜브

"국립국악원 추천 음악 – 듣는 모든 이에게 하늘처럼 영원한 생명이 깃들기를. '수제천'", <유튜브 채널: 국립국악원[National Gugak Center]>, bit.ly/수제천(접속일자: 2023.02.05.).

"[단독] AI 창작물, 저작료 못 줘…국내 AI 저작권 갈등 점화 / SBS / #D리포트", <유튜브 채널: SBS 뉴스>, youtu.be/qFgTSDOLQjc(접속일자: 2023.02.19.).

"[와글와글] AI가 그린 그림이 1위…미국 미술전 우승 갑론을박(2022.09.05./뉴스투데이/MBC)", <유튜브 채널: MBCNEWS>, youtu.be/vcoi4aAJT1E(접속일자: 2023.02.19.).

"우리가 몰랐던 이야기1-시각장애(서울시 장애인식 개선 교육영상)", <유튜브 채널: EBSCulture(EBS 교양)>,
youtu.be/PQEfodbDODg(접속일자: 2023.02.22.).

"AI가 그려도 저작권 인정…원작자 '예술 기여 넓어져' / SBS", <유튜브 채널: SBS 뉴스>, youtu.be/xCulCbWYVOo(접속일자: 2023.02.19.).

"AI가 뽕삘도 재현 가능? 10초 만에 한 곡 쓰는 AI와 트로트 고인물의 작곡 대결! : AI vs 인간(SBS방송)", <유튜브 채널: 달리[SBS 교양 공식채널]>,
youtu.be/_KO3WXM-eoI(접속일자: 2023.02.22.).

"iPhone sound effect(acapella)", <유튜브 채널: MayTree>,
youtu.be/C1cMdXs6wG0(접속일자: 2023.02.20.).